Incanto di Dolci

La Tua Prima Avventura nel Mondo delle Torte

Sofia Bianchi

Sommario

Torta di cappello di Pasqua 12

Torta Simnel di Pasqua 13

Torta della dodicesima notte..15

Torta di mele al microonde 16

Torta di mele al microonde 17

Torta di mele e noci nel microonde..18

Torta di carote al microonde 19

Torta di carote, ananas e noci nel microonde.....................................20

Torte di crusca piccanti al microonde 22

Cheesecake alla banana e frutto della passione nel microonde......23

Cheesecake all'arancia al microonde 24

Cheesecake all'ananas al microonde..25

Forno a microonde Pane alle ciliegie alle noci 26

torta al cioccolato al microonde...27

Torta di mandorle al cioccolato al microonde....................................28

Brownies al doppio cioccolato al microonde 30

Barrette di cioccolato al dattero per microonde.................................31

quadrati di cioccolato al microonde 32

Torta veloce al caffè nel microonde 34

Torta di Natale al microonde..35

Torta sbriciolata al microonde..37

Barre di data a microonde..38

Pane ai fichi nel microonde..39

frittelle al microonde..40

Torta di frutta al microonde 41

Piazze di frutta al cocco per microonde 42

Torta fondente al microonde 43

Pan di zenzero al microonde 44

barrette allo zenzero per microonde 45

Torta dorata al microonde 46

Torta al miele e nocciole nel microonde 47

Barrette gommose al muesli per microonde 48

torta di noci al microonde 49

Torta al succo d'arancia al microonde 50

Pavlova nel microonde 51

torta al microonde 52

Crostata di fragole al microonde 53

Pan di spagna al microonde 54

Barrette di uva sultanina nel microonde 55

Biscotti al cioccolato al microonde 56

Biscotti al cocco al microonde 57

Fiorentine al microonde 58

Biscotti Nocciola e Ciliegia al microonde 59

Biscotti all'uvetta nel microonde 60

Pane alla banana nel microonde 61

Pane al formaggio nel microonde 62

pane alle noci al microonde 63

Torta Amaretti Senza Cottura 64

Barrette di riso croccanti americane 65

Quadri Albicocca 66

Torta Swiss Roll alle albicocche 67

Torte Biscotto Rotto 68

Torta al burro senza cottura 69

Fetta di castagne 70

Pan di spagna alla castagna 71

Barrette di cioccolato e mandorle 73

Torta Croccante Al Cioccolato 74

Quadrati sbriciolati al cioccolato 75

Torta al cioccolato in frigo 76

Torta al cioccolato e frutta 77

Quadrati Di Zenzero Al Cioccolato 78

Deluxe Cioccolato Zenzero Quadrati 79

Biscotti al cioccolato e miele 80

millefoglie al cioccolato 81

Belle tavolette di cioccolato 82

Quadrati Di Praline Al Cioccolato 83

Patatine al cocco 84

Barrette croccanti 85

Croccantini all'uvetta al cocco 86

Piazze Café au lait 87

Torta alla frutta senza cottura 88

quadretti fruttati 89

Cracker di frutta e fibre 90

Torta a strati di torrone 91

Quadretti al latte e noce moscata 92

Muesli croccante 94

Quadrati di mousse all'arancia 95

Quadrati di arachidi 96

Torte al caramello alla menta piperita	97
Cracker di riso	98
Riso e caramello al cioccolato	99
pasta di mandorle	100
Marzapane senza zucchero	101
Glassa reale	102
glassa senza zucchero	103
Glassa fondente	104
Glassa alla crema di burro	105
Glassa al cioccolato	106
Glassa al burro al cioccolato bianco	107
Glassa al burro al caffè	108
Glassa al burro al limone	109
Glassa al burro all'arancia	110
Glassa al formaggio	111
Glassa all'arancia	112
Glassa al liquore all'arancia	113
Anello di focaccina al miele	114
muesli Scones	115
Scones all'uvetta all'arancia	116
Focaccine Di Pere	117
Focaccine Di Patate	118
Scones all'uvetta	119
Focaccine Di Melassa	120
Focaccine allo zenzero e melassa	121
Focaccine Sultana	122
Focaccine integrali alla melassa	123

Focaccine allo yogurt ... 124

focaccine al formaggio ... 125

Focaccine integrali alle erbe ... 126

Focaccine salame e formaggio ... 127

focaccine intere ... 128

Conkie delle Barbados ... 129

Biscotti di Natale fritti ... 130

Torte di farina di mais ... 131

Focaccine ... 132

Ciambelle ... 133

Frittelle di patate ... 134

Pane naan ... 135

Bannock di farina d'avena ... 136

luccio ... 137

Focaccine facili da far cadere ... 138

Scones d'acero ... 139

Focaccine Alla Griglia ... 140

focaccine al formaggio ... 141

Speciali pancake scozzesi ... 142

Frittelle scozzesi con frutta ... 143

Pancake all'arancia scozzese ... 144

Hinny che canta ... 145

torte gallesi ... 146

Pancake gallesi ... 147

Pane di mais speziato messicano ... 148

Focaccia svedese ... 149

Pane di segale e mais al vapore ... 150

Pane di mais al vapore	151
Chapati completi	152
Puris completo	153
Biscotti alle mandorle	154
Anelli di mandorla	155
Anelli di mandorle	156
Cracker mediterranei alle mandorle	157
Biscotti alle mandorle e cioccolato	158
Biscotti alla frutta e noci Amish	159
Biscotti all'anice	160
Biscotti alla banana, farina d'avena e succo d'arancia	161
Biscotti di base	162
Biscotti croccanti alla crusca	163
Biscotti alla crusca di sesamo	164
Biscotti al brandy con cumino	165
Scatti di brandy	166
Biscotti al burro	167
Biscotti al caramello	168
Biscotti Al Caramello	169
Biscotti di carote e noci	170
Carote glassate all'arancia e biscotti alle noci	171
Biscotti alla ciliegia	173
Anelli di ciliegie e mandorle	174
Biscotti al burro al cioccolato	175
Panini al cioccolato e ciliegie	176
Biscotti con gocce di cioccolato	177
Biscotti al cioccolato e banana	178

Bocconcini di cioccolato e noci	179
Biscotti americani con gocce di cioccolato	180
Creme al cioccolato	181
Biscotti al cioccolato e nocciole	182
Biscotti al cioccolato e noce moscata	183
Biscotti al cioccolato	184
Biscotti sandwich al caffè e cioccolato	185
biscotti di Natale	187
Biscotti al cocco	188
Biscotti di mais con crema di frutta	189
Biscotti della Cornovaglia	190
Biscotti Integrali Al Ribes	191
Biscotti sandwich con datteri	192
Biscotti Digestivi (Graham Crackers)	193
Biscotti pasquali	194
Fiorentine	195
Fiorentini al cioccolato	196
Fiorentine Deluxe al Cioccolato	197
Biscotti fondenti e noci	198
Biscotti glassati tedeschi	199
Biscotti allo zenzero	200
Biscotti allo zenzero	201
omino di pan di zenzero	202
Biscotti integrali allo zenzero	203
Biscotti allo zenzero e riso	204
biscotti d'oro	205
Biscotti alla nocciola	206

Biscotti croccanti alla nocciola 207

Biscotti alle nocciole e mandorle 208

Biscotti al miele 209

Ratafià al miele 210

Biscotti al burro al miele 211

Biscotti Al Burro Al Limone 212

Biscotti al limone 213

Momenti di fusione 214

Biscotti al muesli 215

Biscotti alle noci 216

Biscotti croccanti alle noci 217

Biscotti croccanti alla cannella e noci 218

dita di avena 219

Torta di cappello di Pasqua

Fa una torta da 8"/20 cm

75 g/3 once/1/3 di tazza di zucchero muscovado

3 uova

75 g/3 oz/¾ tazza di farina autolievitante (autolievitante)

15 ml/1 cucchiaio di cacao in polvere (cioccolato non zuccherato)

15 ml / 1 cucchiaio di acqua tiepida

Per il ripieno:
2 oz/¼ di tazza/50 g di burro o margarina, ammorbidito

75 g/3 oz/½ tazza di zucchero a velo (dolciumi), setacciato

Per guarnire:
100 g/4 oz/1 tazza di cioccolato fondente (semidolce)

25 g/1 oz/2 cucchiai di burro o margarina

Nastro o fiori di zucchero (opzionale)

Sbattere lo zucchero e le uova insieme in una ciotola resistente al calore posta sopra una casseruola di acqua bollente. Continuare a montare fino a ottenere un composto denso e cremoso. Lasciare riposare per qualche minuto, quindi togliere dal fuoco e sbattere di nuovo fino a quando il composto lascia una scia quando si rimuove la frusta. Mescolare la farina e il cacao, quindi aggiungere l'acqua. Versare il composto in una tortiera da 20 cm imburrata e foderata e in una tortiera da 15 cm imburrata e foderata. Cuocere in forno preriscaldato a 200°C/400°F/termostato 6 per 15-20 minuti fino a quando saranno ben gonfi e sodi al tatto. Lascia raffreddare sulla griglia.

Per fare il ripieno, montare a crema la margarina e lo zucchero a velo. Usalo per posizionare la torta sandwich più piccola sopra quella più grande.

Per preparare il ripieno, sciogliere il cioccolato e il burro o la margarina in una ciotola resistente al calore posta sopra una casseruola di acqua bollente. Versare il ripieno sulla torta e stenderlo con un coltello immerso in acqua calda in modo che sia completamente ricoperto. Decorare il bordo con un nastro o fiori di zucchero.

Torta Simnel di Pasqua

Fa una torta da 8"/20 cm

8 once/1 tazza di burro o margarina, ammorbidito

225 g/8 once/1 tazza di zucchero di canna dolce

scorza grattugiata di 1 limone

4 uova sbattute

225 g/8 once/2 tazze di farina semplice (per tutti gli usi)

5 ml/1 cucchiaino di lievito in polvere

2,5 ml/½ cucchiaino di noce moscata grattugiata

50 g/2 oz/½ tazza di farina di mais (amido di mais)

100 g/4 once/2/3 tazze di uvetta (uvetta dorata)

100 g/4 once/2/3 tazze di uvetta

75 g/3 once/½ tazza di ribes

100 g di ciliegie glassate (candite), tritate

25 g/1 oz/¼ di tazza di mandorle tritate

Marzapane da 450 g/1 libbra

30 ml/2 cucchiai di marmellata di albicocche (negozio)

1 albume sbattuto

Montare a crema il burro o la margarina, lo zucchero e la scorza di limone fino a ottenere un composto chiaro e spumoso. Aggiungere gradualmente le uova, quindi aggiungere la farina, il lievito, la noce moscata e la maizena. Unire la frutta e le mandorle. Versare metà del composto in una tortiera imburrata e foderata di 20 cm di profondità. Stendere metà del marzapane in un cerchio delle dimensioni della torta e adagiarlo sopra il composto. Riempire con il resto dell'impasto e cuocere in forno preriscaldato a 160°C/termostato 3 per 2-2½ ore fino a doratura. Lasciarlo raffreddare nello stampo. Una volta raffreddato, sformare e avvolgere in carta da forno (cerata). Conservare in un contenitore ermetico per un massimo di tre settimane, se possibile per maturare.

Per finire la torta, spennellare la superficie con la marmellata. Stendere tre quarti del marzapane rimanente in un cerchio di 8 cm/20 cm, pulire i bordi e posizionarli sopra la torta. Arrotolare il restante marzapane in 11 palline (per rappresentare i discepoli senza Giuda). Spennellare la parte superiore della torta con l'albume sbattuto e disporre le palline attorno al bordo della torta, quindi spennellarle con l'albume. Mettere sotto una griglia calda (griglia) per circa un minuto per farla dorare leggermente.

Torta della dodicesima notte

Fa una torta da 8"/20 cm

8 once/1 tazza di burro o margarina, ammorbidito

225 g/8 once/1 tazza di zucchero di canna dolce

4 uova sbattute

225 g/8 once/2 tazze di farina semplice (per tutti gli usi)

5 ml/1 cucchiaino. spezie miste macinate (torta di mele)

175 g/6 once/1 tazza di uvetta (uvetta dorata)

100 g/4 once/2/3 tazze di uvetta

75 g/3 once/½ tazza di ribes

50 g di ciliegie glassate (candite)

50 g/2 oz/1/3 di tazza di corteccia mista tritata (candita)

30 ml/2 cucchiai di latte

12 candele per decorare

> Montare a crema il burro o la margarina e lo zucchero fino a ottenere un composto chiaro e spumoso. Incorporare gradualmente le uova, quindi incorporare la farina, il mix di spezie, la frutta e la scorza e mescolare fino a quando non saranno ben amalgamati, aggiungendo un po' di latte se necessario per ottenere un composto spumoso. Versare in uno stampo da plumcake da 20 cm imburrato e foderato e cuocere in forno preriscaldato a 180°C/termostato 4 per 2 ore fino a quando uno stuzzicadenti inserito al centro non esce bene. Partire

Torta di mele al microonde

Fa un quadrato di 9"/23 cm

100 g/4 once/½ tazza di burro o margarina, ammorbidito

100 g/4 once/½ tazza di zucchero di canna dolce

30 ml/2 cucchiai di sciroppo d'oro (mais light)

2 uova, leggermente sbattute

225 g/8 oz/2 tazze di farina autolievitante (autolievitante)

10ml/2 cucchiai. spezie miste macinate (torta di mele)

120 ml/4 oz/½ tazza di latte

2 mele cotte (torte), sbucciate, private del torsolo e affettate sottilmente

15 ml / 1 cucchiaio di zucchero semolato (surfin)

5 ml/1 cucchiaino di cannella in polvere

Montare a crema il burro o la margarina, lo zucchero di canna e lo sciroppo fino a ottenere un composto chiaro e spumoso. Aggiungere le uova poco alla volta. Mescolare la farina e le spezie miste, quindi aggiungere il latte fino a renderlo morbido. Mescolare le mele. Versare in una padella rotonda per microonde da 9 pollici/23 cm unta e con fondo foderato (padella tubolare) e cuocere nel microonde a potenza media per 12 minuti fino a quando non si solidifica. Lasciare riposare per 5 minuti, quindi capovolgere e cospargere di zucchero semolato e cannella.

Torta di mele al microonde

Fa una torta da 8"/20 cm

100 g/4 once/½ tazza di burro o margarina, ammorbidito

175 g/6 once/¾ di tazza di zucchero di canna dolce

1 uovo, leggermente sbattuto

175 g/6 once/1½ tazza di farina semplice (per tutti gli usi)

2,5 ml/½ cucchiaino di lievito in polvere

Un pizzico di sale

2,5 ml/½ cucchiaino. pimento macinato

¼ di cucchiaino/1,5 ml di noce moscata grattugiata

1,5 ml/¼ di cucchiaino Chiodi di garofano

½ pt/1¼ tazze/300 ml di salsa di mele non zuccherata (salsa)

75 g/3 once/½ tazza di uvetta

Zucchero a velo (dolciumi) per spolverare

Sbattere insieme il burro o la margarina e lo zucchero di canna fino a ottenere un composto chiaro e spumoso. Aggiungere poco alla volta l'uovo, quindi unire la farina, il lievito, il sale e le spezie alternando la purea di mele e l'uvetta. Versare in una teglia quadrata da 20 cm unta e infarinata e cuocere nel microonde a potenza elevata per 12 minuti. Lasciar raffreddare nella teglia, quindi tagliare a quadretti e spolverizzare con zucchero a velo.

Torta di mele e noci nel microonde

Fa una torta da 8"/20 cm

175 g di burro o margarina, ammorbidito

100 g/4 oz/½ tazza di zucchero a velo (superfino)

3 uova, leggermente sbattute

30 ml/2 cucchiai di sciroppo d'oro (mais light)

Scorza grattugiata e succo di 1 limone

175 g/6 oz/1½ tazza di farina autolievitante (autolievitante)

50 g/2 once/½ tazza di noci, tritate

1 mela (dessert), sbucciata, privata del torsolo e tritata

100 g/4 oz/2/3 tazza di zucchero a velo (dolciumi)

30 ml/2 cucchiai di succo di limone

15 ml/1 cucchiaio di acqua

Mezze noci per guarnire

Sbattere insieme il burro o la margarina e lo zucchero a velo fino a ottenere un composto chiaro e spumoso. Aggiungere gradualmente le uova, poi lo sciroppo, la scorza di limone e il succo. Mescolare la farina, le noci tritate e la mela. Versare in un piatto unto per microonde da 8 pollici/20 cm e cuocere nel microonde alla massima potenza per 4 minuti. Togliere dal forno e coprire con un foglio di alluminio. Lasciate raffreddare. Mescolare lo zucchero a velo con il succo di limone e acqua quanto basta per formare una glassa liscia (glassa). Distribuire sulla torta e guarnire con metà di noci.

Torta di carote al microonde

Fa una torta da 7"/18 cm

100 g/4 once/½ tazza di burro o margarina, ammorbidito

100 g/4 once/½ tazza di zucchero di canna dolce

2 uova sbattute

Scorza grattugiata e succo di 1 arancia

2,5 ml/½ cucchiaino di cannella in polvere

Un pizzico di noce moscata grattugiata

100 g/4 once di carote, grattugiate

100 g/4 oz/1 tazza di farina autolievitante (autolievitante).

25 g/1 oz/¼ di tazza di mandorle tritate

25 g/1 oz/2 cucchiai di zucchero a velo (superfino)

Per guarnire:

100 g/4 once/½ tazza di formaggio cremoso

1/3 di tazza/2 once/50 g di zucchero a velo (dolciumi), setacciato

30 ml/2 cucchiai di succo di limone

Sbattere insieme il burro e lo zucchero fino a ottenere un composto chiaro e spumoso. Incorporare gradualmente le uova, quindi aggiungere il succo e la scorza d'arancia, le spezie e le carote. Mescolare la farina, le mandorle e lo zucchero. Versare in una tortiera da 18 cm imburrata e foderata e coprire con pellicola. Forno a microonde in alto per 8 minuti fino a quando uno stuzzicadenti inserito al centro risulta pulito. Rimuovere la pellicola trasparente e lasciare riposare per 8 minuti prima di sformare su una gratella per completare il raffreddamento. Sbattere insieme gli ingredienti del ripieno, quindi distribuirli sulla torta raffreddata.

Torta di carote, ananas e noci nel microonde

Fa una torta da 8"/20 cm

225 g/8 oz/1 tazza di zucchero a velo (superfino)

2 uova

120 ml/4 once/½ tazza di olio

1,5 ml/¼ di cucchiaino di sale

5 ml/1 cucchiaino di bicarbonato di sodio (bicarbonato di sodio)

100 g/4 oz/1 tazza di farina autolievitante (autolievitante).

5 ml/1 cucchiaino di cannella in polvere

175 g di carote, grattugiate

75 g/3 once/¾ tazza di noci, tritate

225 g/8 oz di ananas schiacciato con il suo succo

                      Per la glassa (glassa):

15 g/½ oz/1 cucchiaio di burro o margarina

50 g/2 once/¼ di tazza di formaggio cremoso

10 ml/2 cucchiaini di succo di limone

Zucchero a velo (dolciumi), setacciato

Foderare una grande teglia circolare (padella a tubo) con carta pergamena. Sbattere insieme lo zucchero, le uova e l'olio. Mescolare delicatamente gli ingredienti secchi fino a quando non saranno ben amalgamati. Mescolare il resto degli ingredienti della torta. Versare il composto nella padella preparata, posizionarlo su una gratella o su un piatto capovolto e cuocere nel microonde a potenza elevata per 13 minuti o fino a quando non si è appena rappreso. Lasciare riposare 5 minuti quindi sformare su una gratella per raffreddare.

Nel frattempo preparate la glassa. Metti il burro o la margarina, la crema di formaggio e il succo di limone in una ciotola e cuoci nel microonde alla massima potenza per 30-40 secondi. Incorporare gradualmente lo zucchero a velo sufficiente per ottenere una consistenza densa e sbattere fino a ottenere un composto spumoso. Quando la torta sarà fredda, spalmateci sopra la glassa.

Torte di crusca piccanti al microonde

Dai 15

75 g/3 oz/¾ tazza Tutti i cereali crusca

250ml/8oz/1 tazza di latte

175 g/6 once/1½ tazza di farina semplice (per tutti gli usi)

75 g/3 oz/1/3 di tazza di zucchero a velo (superfino)

10 ml / 2 cucchiaini di lievito in polvere

10ml/2 cucchiai. spezie miste macinate (torta di mele)

Un pizzico di sale

60 ml/4 cucchiai di sciroppo d'oro (mais light)

45 ml/3 cucchiai di olio

1 uovo, leggermente sbattuto

75 g/3 once/½ tazza di uvetta

15 ml / 1 cucchiaio di scorza d'arancia grattugiata

Mettere a bagno i cereali nel latte per 10 minuti. Unire la farina, lo zucchero, il lievito, il mix di spezie e il sale, quindi incorporare ai cereali. Mescolare lo sciroppo, l'olio, l'uovo, l'uvetta e la scorza d'arancia. Versare in pirottini di carta (cartine per cupcake) e scaldare cinque torte alla volta nel microonde ad alta potenza per 4 minuti. Ripeti per le restanti torte.

Cheesecake alla banana e frutto della passione nel microonde

Fa una torta da 9"/23 cm

100 g/4 once/½ tazza di burro o margarina, sciolti

175 g/6 once/1½ tazza di briciole di biscotti allo zenzero (biscotti)

250 g/9 oz/generico 1 tazza di formaggio cremoso

6 fl oz / ¾ tazza di panna acida (latticini)

2 uova, leggermente sbattute

100 g/4 oz/½ tazza di zucchero a velo (superfino)

Scorza grattugiata e succo di 1 limone

150 ml/¼ pt/2/3 tazza di panna montata

1 banana, affettata

1 frutto della passione, tritato

Unire il burro o la margarina e le briciole di biscotti e premere sul fondo e sui lati di una teglia da forno a microonde da 9 pollici/23 cm. Forno a microonde ad alta potenza per 1 minuto. Lasciate raffreddare.

> Sbattere il formaggio cremoso e la panna acida fino a che liscio, quindi incorporare l'uovo, lo zucchero e il succo di limone e la scorza. Versare nella base e distribuire uniformemente. Cuocere a fuoco medio per 8 minuti. Lasciate raffreddare.

Montare la panna a neve ben ferma, quindi distribuirla sulla cassa. Guarnire con fettine di banana e adagiarvi sopra la polpa del frutto della passione.

Cheesecake all'arancia al microonde

Fa una torta da 8"/20 cm

2 oz/¼ di tazza/50 g di burro o margarina

12 biscotti digestivi (graham crackers), tritati

100 g/4 oz/½ tazza di zucchero a velo (superfino)

225 g/8 once/1 tazza di formaggio cremoso

2 uova

30 ml/2 cucchiai di succo d'arancia concentrato

15 ml / 1 cucchiaio di succo di limone

¼ pt/2/3 tazza/150 ml di panna acida (latticini)

Un pizzico di sale

1 arancia

30 ml/2 cucchiai di marmellata di albicocche (negozio)

¼ pt/2/3 tazza/150 ml di panna doppia (pesante).

Sciogliere il burro o la margarina in una tortiera per microonde da 8 pollici/20 cm ad alta potenza per 1 minuto. Mescolare le briciole di biscotti e 25 g di zucchero e premere sul fondo e sui lati del piatto. Montare a crema il formaggio con lo zucchero rimanente e le uova, quindi incorporare i succhi di arancia e limone, la panna acida e il sale. Versare nella custodia (guscio) e microonde ad alta potenza per 2 minuti. Lasciare riposare per 2 minuti, quindi microonde ad alta potenza per altri 2 minuti. Lasciare riposare per 1 minuto, quindi microonde ad alta potenza per 1 minuto. Lasciate raffreddare.

Sbucciare l'arancia e rimuovere gli spicchi dalla membrana usando un coltello affilato. Sciogliere la marmellata e spennellare la superficie della cheesecake. Montare la panna e ricoprire il bordo della cheesecake, quindi decorare con gli spicchi d'arancia.

Cheesecake all'ananas al microonde

Fa una torta da 9"/23 cm

100 g/4 once/½ tazza di burro o margarina, sciolti

175 g/6 once/1½ tazza di biscotti digestivi sbriciolati (graham crackers)

250 g/9 oz/generico 1 tazza di formaggio cremoso

2 uova, leggermente sbattute

5 ml/1 cucchiaino di scorza di limone grattugiata

30 ml/2 cucchiai di succo di limone

75 g/3 oz/1/3 di tazza di zucchero a velo (superfino)

14 once / 1 ananas grande, scolato e schiacciato

¼ pt/2/3 tazza/150 ml di panna doppia (pesante).

Unire il burro o la margarina e le briciole di biscotti e premere sul fondo e sui lati di una teglia da forno a microonde da 9 pollici/23 cm. Forno a microonde ad alta potenza per 1 minuto. Lasciate raffreddare.

> Sbattere insieme la crema di formaggio, le uova, la scorza e il succo di limone e lo zucchero fino a che liscio. Unire l'ananas e versare sulla base. Forno a microonde a potenza media per 6 minuti fino a quando non si solidifica. Lasciate raffreddare.

Montare la panna a neve ben ferma, quindi adagiarla sopra la cheesecake.

Forno a microonde Pane alle ciliegie alle noci

Fa una pagnotta da 900g/2lb

175 g di burro o margarina, ammorbidito

175 g/6 once/¾ di tazza di zucchero di canna dolce

3 uova sbattute

225 g/8 once/2 tazze di farina semplice (per tutti gli usi)

10 ml / 2 cucchiaini di lievito in polvere

Un pizzico di sale

45 ml/3 cucchiai di latte

75 g/3 oz/1/3 di tazza di ciliegie glassate (candite)

75 g/3 once/¾ di tazza di noci miste tritate

25 g/1 oz/3 cucchiai di zucchero a velo (pasta), setacciato

Sbattere insieme il burro o la margarina e lo zucchero di canna fino a ottenere un composto chiaro e spumoso. Incorporare gradualmente le uova, quindi incorporare la farina, il lievito e il sale. Mescolare abbastanza latte per ottenere una consistenza morbida, quindi aggiungere le ciliegie e le noci. Versare in una teglia da forno per microonde da 900 g/2 libbre unta e foderata e cospargere di zucchero. Forno a microonde ad alta potenza per 7 minuti. Lasciare riposare per 5 minuti quindi capovolgere su una gratella per completare il raffreddamento.

torta al cioccolato al microonde

Fa una torta da 7"/18 cm

8 once/1 tazza di burro o margarina, ammorbidito

175 g/6 oz/¾ tazza di zucchero a velo (superfino)

150 g/5 oz/1¼ tazze di farina autolievitante (autolievitante)

50 g/2 oz/¼ di tazza di cacao in polvere (cioccolato non zuccherato)

5 ml/1 cucchiaino di lievito in polvere

3 uova sbattute

45 ml/3 cucchiai di latte

Unire tutti gli ingredienti e versare in un piatto unto e foderato per microonde da 7 pollici/18 cm. Forno a microonde ad alta potenza per 9 minuti fino a quando non si solidifica al tatto. Lasciare raffreddare in padella per 5 minuti, quindi sformare sulla gratella per completare il raffreddamento.

Torta di mandorle al cioccolato al microonde

Fa una torta da 8"/20 cm

Per la torta:

100 g/4 once/½ tazza di burro o margarina, ammorbidito

100 g/4 oz/½ tazza di zucchero a velo (superfino)

2 uova, leggermente sbattute

100 g/4 oz/1 tazza di farina autolievitante (autolievitante).

50 g/2 oz/½ tazza di cacao in polvere (cioccolato non zuccherato)

50 g/2 oz/½ tazza di mandorle tritate

150 ml/¼ pt/2/3 tazza di latte

60 ml/4 cucchiai di sciroppo d'oro (mais light)

Per la glassa (glassa):

100 g/4 oz/1 tazza di cioccolato fondente (semidolce)

25 g/1 oz/2 cucchiai di burro o margarina

8 mandorle intere

Per preparare la torta, montare a crema il burro o la margarina e lo zucchero fino a ottenere un composto chiaro e spumoso. Incorporate poco alla volta le uova, poi incorporate la farina e il cacao, poi le mandorle tritate. Aggiungere il latte e lo sciroppo e sbattere fino a ottenere un composto leggero e liscio. Versare in un piatto da microonde da 20 cm foderato con pellicola trasparente (pellicola) e cuocere nel microonde alla massima potenza per 4 minuti. Togliere dal forno, coprire la parte superiore con un foglio di alluminio e lasciare raffreddare leggermente, quindi capovolgere su una gratella per completare il raffreddamento.

Per preparare la glassa, sciogliere il cioccolato e il burro o la margarina a fuoco alto per 2 minuti. Batti bene. Immergere a metà le mandorle nel cioccolato, poi lasciarle adagiare su un foglio di carta forno (oleato). Versare la glassa rimanente sulla torta e spalmarla sulla parte superiore e sui lati. Decorate con le mandorle e lasciate solidificare.

Brownies al doppio cioccolato al microonde

Dai 8

150 g/5 once/1¼ tazza di cioccolato fondente (semidolce), tritato grossolanamente

75 g/3 once/1/3 di tazza di burro o margarina

175 g/6 once/¾ di tazza di zucchero di canna dolce

2 uova, leggermente sbattute

150 g/5 once/1¼ tazza di farina semplice (per tutti gli usi)

2,5 ml/½ cucchiaino di lievito in polvere

2,5 ml/½ cucchiaino di essenza di vaniglia (estratto)

30 ml/2 cucchiai di latte

Sciogliere ½ tazza/2 once/50 g di cioccolato con burro o margarina a fuoco alto per 2 minuti. Mescolare lo zucchero e le uova, quindi incorporare la farina, il lievito, l'essenza di vaniglia e il latte fino a che liscio. Versare in un piatto unto per microonde da 8 pollici/20 cm e cuocere nel microonde alla massima potenza per 7 minuti. Lasciare raffreddare in padella per 10 minuti. Sciogli il cioccolato rimanente a fuoco alto per 1 minuto, quindi spalma sopra la torta e lascia raffreddare. Tagliare a quadrati.

Barrette di cioccolato al dattero per microonde

Dai 8

2 oz / 1/3 di tazza di datteri snocciolati (snocciolati), tritati

60 ml/4 cucchiai di acqua bollente

2½ oz/65 g 1/3 di tazza di burro o margarina, ammorbidito

225 g/8 oz/1 tazza di zucchero a velo (superfino)

1 uovo

100 g/4 oz/1 tazza di farina semplice (per tutti gli usi)

10 ml/2 cucchiaini di cacao (cioccolato non zuccherato) in polvere

2,5 ml/½ cucchiaino di lievito in polvere

Un pizzico di sale

25 g/1 oz/¼ di tazza di noci miste tritate

100 g/4 oz/1 tazza di cioccolato fondente (semidolce), tritato finemente

Mescolare i datteri con acqua bollente e lasciare riposare finché non si raffreddano. Sbattere il burro o la margarina insieme a metà dello zucchero fino a ottenere un composto chiaro e spumoso. Incorporare lentamente l'uovo, quindi incorporare alternativamente la farina, il cacao, il lievito, il sale e il composto di datteri. Versare in una pirofila quadrata da 20 cm imburrata e infarinata adatta al microonde. Mescolare il resto dello zucchero con le noci e il cioccolato e cospargere con una leggera pressione. Forno a microonde ad alta potenza per 8 minuti. Lasciar raffreddare nella teglia prima di tagliare a quadretti.

quadrati di cioccolato al microonde

Dà 16

Per la torta:

2 oz/¼ di tazza/50 g di burro o margarina

5 ml/1 cucchiaino di zucchero a velo (surfin)

75 g/3 oz/¾ tazza di farina semplice (per tutti gli usi)

1 tuorlo d'uovo

15 ml/1 cucchiaio di acqua

175 g/6 oz/1½ tazza di cioccolato fondente (semidolce), grattugiato o tritato finemente

Per guarnire:

2 oz/¼ di tazza/50 g di burro o margarina

50 g/2 oz/¼ di tazza di zucchero semolato (superfino)

1 uovo

2,5 ml/½ cucchiaino di essenza di vaniglia (estratto)

100 g/4 once/1 tazza di noci, tritate

Per preparare la torta, ammorbidire il burro o la margarina e incorporare lo zucchero, la farina, il tuorlo d'uovo e l'acqua. Distribuire uniformemente il composto in un piatto quadrato da 8 pollici/20 cm adatto al microonde e cuocere nel microonde alla massima potenza per 2 minuti. Cospargere di cioccolato e microonde ad alta potenza per 1 minuto. Distribuire uniformemente sulla base e lasciare indurire.

Per fare il ripieno, cuoci nel microonde il burro o la margarina a temperatura elevata per 30 secondi. Mescolare gli ingredienti di topping rimanenti e spalmare sul cioccolato. Forno a microonde ad alta potenza per 5 minuti. Lasciar raffreddare quindi tagliare a quadretti.

Torta veloce al caffè nel microonde

Fa una torta da 7"/19 cm

Per la torta:

8 once/1 tazza di burro o margarina, ammorbidito

225 g/8 oz/1 tazza di zucchero a velo (superfino)

225 g/8 oz/2 tazze di farina autolievitante (autolievitante)

5 uova

45 ml/3 cucchiai di essenza di caffè (estratto)

Per la glassa (glassa):

30 ml/2 cucchiai di essenza di caffè (estratto)

175 g/6 once/¾ di tazza di burro o margarina

Zucchero a velo (dolciumi), setacciato

Mezze noci per guarnire

Unire tutti gli ingredienti della torta fino a quando non saranno ben amalgamati. Dividi in due contenitori per torte da microonde da 7/19 cm e cuoci nel microonde ciascuno su High per 5-6 minuti. Togliere dal microonde e lasciare raffreddare.

Mescolare gli ingredienti per la glassa, addolcire a piacere con lo zucchero a velo. Una volta raffreddato, avvolgere le torte con metà della glassa e spalmare il resto sopra. Decorare con metà di noce.

Torta di Natale al microonde

Fa una torta da 9"/23 cm

2/3 di tazza/5 once/150 g di burro o margarina, ammorbidito

2/3 di tazza/5 once/150 g di zucchero di canna dolce

3 uova

30 ml/2 cucchiai di melassa di coccio nero (melassa)

225 g/8 oz/2 tazze di farina autolievitante (autolievitante)

10ml/2 cucchiai. spezie miste macinate (torta di mele)

2. 5ml/½ cucchiaino di noce moscata grattugiata

2,5 ml/½ cucchiaino di bicarbonato di sodio (bicarbonato di sodio)

450 g/1 lb/22/3 tazze di frutta secca mista (miscela per torta di frutta)

50 g di ciliegie glassate (candite)

50 g/2 oz/1/3 di tazza di corteccia mista tritata

50 g/2 once/½ tazza di noci miste tritate

30 ml/2 cucchiai di cognac

Brandy aggiuntivo per far maturare la torta (facoltativo)

Sbattere insieme il burro o la margarina e lo zucchero fino a ottenere un composto leggero e spumoso. Sbattere gradualmente le uova e la melassa, quindi aggiungere la farina, le spezie e il bicarbonato di sodio. Incorporare delicatamente la frutta, la miscela di corteccia e noci, quindi aggiungere il cognac. Versare in una teglia da 23 cm foderata con fondi adatti al microonde e cuocere a microonde a bassa temperatura per 45-60 minuti. Lasciare raffreddare nella teglia per 15 minuti prima di sformare su una gratella per completare il raffreddamento.

Una volta raffreddato, avvolgere la torta in un foglio e conservare in un luogo fresco e buio per 2 settimane. Se lo si desidera, forare più volte la parte superiore della torta con uno spiedino sottile e cospargere con altro cognac, quindi riavvolgere e conservare la torta. Puoi farlo più volte per creare una torta più ricca.

Torta sbriciolata al microonde

Fa una torta da 8"/20 cm

10 once/300 g/1¼ tazze di zucchero a velo (superfino)

225 g/8 once/2 tazze di farina semplice (per tutti gli usi)

10 ml / 2 cucchiaini di lievito in polvere

5 ml/1 cucchiaino di cannella in polvere

100 g/4 once/½ tazza di burro o margarina, ammorbidito

2 uova, leggermente sbattute

100 ml/3½ fl oz/6½ cucchiai di latte

Unire lo zucchero, la farina, il lievito e la cannella. Mescolare il burro o la margarina, quindi mettere da parte un quarto del composto. Unire le uova e il latte e sbattere in una porzione più grande del composto per torte. Versare il composto in una teglia da forno a microonde da 20 cm imburrata e infarinata e cospargere con il mix di crumble riservato. Forno a microonde ad alta potenza per 10 minuti. Lasciare raffreddare nel piatto.

Barre di data a microonde

Dai 12

150 g/5 oz/1¼ tazze di farina autolievitante (autolievitante)

175 g/6 oz/¾ tazza di zucchero a velo (superfino)

100 g/4 once/1 tazza di cocco essiccato (grattugiato)

2/3 tazze/4 once/100 g di datteri snocciolati (snocciolati), tritati

50 g/2 once/½ tazza di noci miste tritate

100 g/4 once/½ tazza di burro o margarina, sciolti

1 uovo, leggermente sbattuto

Zucchero a velo (dolciumi) per spolverare

Mescolare gli ingredienti secchi. Aggiungere il burro o la margarina e l'uovo e impastare fino a formare un impasto sodo. Premere sul fondo di un piatto quadrato da 8 pollici/20 cm per microonde e microonde a media potenza per 8 minuti, fino a quando non si solidifica. Lasciare nella pirofila per 10 minuti, quindi tagliare a barrette e sformare su una gratella per completare il raffreddamento.

Pane ai fichi nel microonde

Produce una pagnotta da 675 g

100 g/4 once/2 tazze di crusca

50 g/2 once/¼ di tazza di zucchero di canna dolce

45 ml/3 cucchiai di miele chiaro

2/3 di tazza/100 g di fichi secchi, tritati

50 g/2 once/½ tazza di nocciole, tritate

300 ml/½ pt/1¼ di tazza di latte

100 g / 4 once / 1 tazza di farina integrale (integrale).

10 ml / 2 cucchiaini di lievito in polvere

Un pizzico di sale

Mescolare tutti gli ingredienti in una pasta dura. Formare in uno stampo da plumcake adatto al microonde e livellare la superficie. Cuocere in alto per 7 minuti. Lasciare raffreddare in padella per 10 minuti, quindi sformare sulla gratella per completare il raffreddamento.

frittelle al microonde

Dai 24

175 g di burro o margarina, ammorbidito

50 g/2 oz/¼ di tazza di zucchero semolato (superfino)

50 g/2 once/¼ di tazza di zucchero di canna dolce

90 ml/6 cucchiai di sciroppo d'oro (mais light)

Un pizzico di sale

275 g/10 once/2½ tazza di fiocchi d'avena

Unire il burro o la margarina e gli zuccheri in una ciotola capiente e cuocere a fuoco alto per 1 minuto. Aggiungere gli altri ingredienti e mescolare bene. Versare il composto in uno stampo unto per microonde da 7 cm/18 cm e premere leggermente. Cuocere in alto per 5 minuti. Lasciare raffreddare leggermente, quindi tagliare a quadrati.

Torta di frutta al microonde

Fa una torta da 7"/18 cm

175 g di burro o margarina, ammorbidito

175 g/6 oz/¾ tazza di zucchero a velo (superfino)

scorza grattugiata di 1 limone

3 uova sbattute

225 g/8 once/2 tazze di farina semplice (per tutti gli usi)

5 ml/1 cucchiaino. spezie miste macinate (torta di mele)

8 once / 11/3 tazze di uvetta

225 g/8 once/11/3 tazze di uvetta (uvetta dorata)

50 g di ciliegie glassate (candite)

50 g/2 once/½ tazza di noci miste tritate

15 ml/1 cucchiaio di sciroppo d'oro (mais light)

45 ml/3 cucchiai di cognac

Sbattere insieme il burro o la margarina e lo zucchero fino a ottenere un composto chiaro e spumoso. Mescolare la scorza di limone, quindi incorporare gradualmente le uova. Mescolare la farina e le spezie miste, quindi aggiungere gli altri ingredienti. Versare in un piatto unto e foderato per microonde da 7 pollici/18 cm e cuocere a fuoco basso per 35 minuti, fino a quando uno stuzzicadenti inserito al centro risulta pulito. Lasciare raffreddare in padella per 10 minuti, quindi sformare sulla gratella per completare il raffreddamento.

Piazze di frutta al cocco per microonde

Dai 8

2 oz/¼ di tazza/50 g di burro o margarina

9 biscotti digestivi (graham crackers), tritati

50 g/2 oz/½ tazza di cocco essiccato (grattugiato)

2/3 di tazza/100 g di corteccia mista tritata (candita)

2 oz / 1/3 di tazza di datteri snocciolati (snocciolati), tritati

15 ml/1 cucchiaio di farina (per tutti gli usi)

25 g/1 oz/2 cucchiai di ciliegie glassate (candite), tritate

100 g/4 once/1 tazza di noci, tritate

150 ml/¼ pt/2/3 tazza di latte condensato

Sciogliere il burro o la margarina in un piatto quadrato da 20 cm adatto al microonde in alto per 40 secondi. Mescolare le briciole di biscotti e distribuirle uniformemente sul fondo del piatto. Cospargere con il cocco, poi la scorza mista. Mescolare i datteri con la farina, le ciliegie e le noci e cospargerli sopra, quindi versare il latte. Forno a microonde ad alta potenza per 8 minuti. Lasciare raffreddare nella teglia, quindi tagliare a quadrati.

Torta fondente al microonde

Fa una torta da 8"/20 cm

150 g/5 once/1¼ tazza di farina semplice (per tutti gli usi)

5 ml/1 cucchiaino di lievito in polvere

Un pizzico di bicarbonato di sodio (bicarbonato di sodio)

Un pizzico di sale

10 once/300 g/1¼ tazze di zucchero a velo (superfino)

2 oz/¼ di tazza/50 g di burro o margarina, ammorbidito

250ml/8oz/1 tazza di latte

Qualche goccia di essenza di vaniglia (estratto)

1 uovo

100 g/4 oz/1 tazza di cioccolato fondente (semidolce), tritato

50 g / 2 once / ½ tazza di noci miste tritate

Glassa al cioccolato

Unire la farina, il lievito, il bicarbonato di sodio e il sale. Mescolare lo zucchero, quindi aggiungere il burro o la margarina, il latte e l'essenza di vaniglia fino a che liscio. Sbattere l'uovo. Riscaldare tre quarti del cioccolato nel microonde alla massima potenza per 2 minuti fino a quando non si scioglie, quindi mescolare nella miscela della torta fino a renderla cremosa. Mescolare le noci. Dividere il composto in due teglie da 20 cm/8 unte e infarinate per microonde e scaldare ciascuna separatamente nel microonde per 8 minuti. Togliere dal forno, coprire con un foglio di alluminio e lasciare raffreddare per 10 minuti, quindi sformare su una gratella per completare il raffreddamento. Panino con metà della glassa al burro (glassa),

Pan di zenzero al microonde

Fa una torta da 8"/20 cm

2 oz/¼ di tazza/50 g di burro o margarina

75 g/3 oz/¼ di tazza di melassa di coccio nero (melassa)

15 ml / 1 cucchiaio di zucchero semolato (surfin)

100 g/4 oz/1 tazza di farina semplice (per tutti gli usi)

5 ml/1 cucchiaino di zenzero macinato

2,5 ml/½ cucchiaino. spezie miste macinate (torta di mele)

2,5 ml/½ cucchiaino di bicarbonato di sodio (bicarbonato di sodio)

1 uovo sbattuto

Metti il burro o la margarina in una ciotola e cuoci nel microonde alla massima potenza per 30 secondi. Mescolare la melassa e lo zucchero e cuocere a microonde in alto per 1 minuto. Mescolare la farina, le spezie e il bicarbonato di sodio. Sbattere l'uovo. Versare il composto in una teglia unta da 1,5 litri/2½ quart/6 tazze e cuocere nel microonde a velocità massima per 4 minuti. Raffreddare nella teglia per 5 minuti, quindi sformare su una gratella per completare il raffreddamento.

barrette allo zenzero per microonde

Dai 12

Per la torta:

2/3 di tazza/5 once/150 g di burro o margarina, ammorbidito

50 g/2 oz/¼ di tazza di zucchero semolato (superfino)

100 g/4 oz/1 tazza di farina semplice (per tutti gli usi)

2,5 ml/½ cucchiaino di lievito in polvere

5 ml/1 cucchiaino di zenzero macinato

Per guarnire:

15 g/½ oz/1 cucchiaio di burro o margarina

15 ml/1 cucchiaio di sciroppo d'oro (mais light)

Qualche goccia di essenza di vaniglia (estratto)

5 ml/1 cucchiaino di zenzero macinato

2 once / 1/3 di tazza di zucchero a velo (dolciumi)

Per preparare la torta, montare a crema il burro o la margarina e lo zucchero fino a ottenere un composto chiaro e spumoso. Aggiungere la farina, il lievito e lo zenzero e mescolare fino ad ottenere una pasta liscia. Premere in un piatto quadrato da 8 pollici/20 cm adatto al microonde e microonde a media potenza per 6 minuti, fino a quando non si solidifica.

Per fare il ripieno, sciogliere il burro o la margarina e lo sciroppo. Aggiungere l'essenza di vaniglia, lo zenzero e lo zucchero a velo e frullare fino a quando non si addensa. Distribuire uniformemente sulla torta calda. Lasciar raffreddare nella teglia, quindi tagliare a barrette oa quadretti.

Torta dorata al microonde

Fa una torta da 8"/20 cm

Per la torta:

100 g/4 once/½ tazza di burro o margarina, ammorbidito

100 g/4 oz/½ tazza di zucchero a velo (superfino)

2 uova, leggermente sbattute

Qualche goccia di essenza di vaniglia (estratto)

225 g/8 once/2 tazze di farina semplice (per tutti gli usi)

10 ml / 2 cucchiaini di lievito in polvere

Un pizzico di sale

60 ml/4 cucchiai di latte

Per la glassa (glassa):

2 oz/¼ di tazza/50 g di burro o margarina, ammorbidito

100 g/4 oz/2/3 tazza di zucchero a velo (dolciumi)

Qualche goccia di essenza di vaniglia (estratto) (facoltativo)

Per preparare la torta, montare a crema il burro o la margarina e lo zucchero fino a ottenere un composto chiaro e spumoso. Incorporare gradualmente le uova, quindi incorporare la farina, il lievito e il sale. Mescolare abbastanza latte per dare una consistenza morbida e liquida. Dividi tra due teglie da forno a microonde da 20 cm unte e infarinate e cuoci ogni torta separatamente su High per 6 minuti. Togliere dal forno, coprire con un foglio di alluminio e lasciare raffreddare per 5 minuti, quindi capovolgere su una gratella per completare il raffreddamento.

Per preparare la glassa, sbattere il burro o la margarina fino a renderli morbidi, quindi incorporare lo zucchero a velo e l'essenza di vaniglia, se lo si desidera. Coprire le torte con metà della glassa, quindi spalmare il resto sopra.

Torta al miele e nocciole nel microonde

Fa una torta da 7"/18 cm

2/3 di tazza/5 once/150 g di burro o margarina, ammorbidito

100 g/4 once/½ tazza di zucchero di canna dolce

45 ml/3 cucchiai di miele chiaro

3 uova sbattute

225 g/8 oz/2 tazze di farina autolievitante (autolievitante)

100 g/4 oz/1 tazza di nocciole macinate

45 ml/3 cucchiai di latte

Glassa alla crema di burro

Montare a crema il burro o la margarina, lo zucchero e il miele fino a ottenere un composto leggero e spumoso. Sbattere gradualmente le uova, quindi incorporare la farina e le nocciole e il latte quanto basta per ottenere una consistenza morbida. Versare in un piatto per microonde da 7 pollici/18 cm e cuocere a fuoco medio per 7 minuti. Lasciare raffreddare in padella per 5 minuti, quindi sformare sulla gratella per completare il raffreddamento. Tagliare la torta a metà orizzontalmente, quindi avvolgerla con la glassa al burro (glassa).

Barrette gommose al muesli per microonde

Fa circa 10

100 g/4 once/½ tazza di burro o margarina

175 g/6 oz/½ tazza di miele chiaro

2 once / 1/3 di tazza di albicocche secche pronte da mangiare, tritate

2 oz / 1/3 di tazza di datteri snocciolati (snocciolati), tritati

75 g/3 once/¾ di tazza di noci miste tritate

100 g/4 once/1 tazza di fiocchi d'avena

100 g/4 once/½ tazza di zucchero di canna dolce

1 uovo sbattuto

25 g / 1 oz / 2 cucchiai di farina autolievitante (autolievitante)

Metti il burro o la margarina e il miele in una ciotola e cuoci a fuoco alto per 2 minuti. Mescolare tutti gli ingredienti rimanenti. Versare in un piatto adatto al microonde da 8 pollici/20 cm e cuocere nel microonde ad alta potenza per 8 minuti. Lasciare raffreddare leggermente, quindi tagliare a quadrati o fette.

torta di noci al microonde

Fa una torta da 8"/20 cm

150 g/5 once/1¼ tazza di farina semplice (per tutti gli usi)

Un pizzico di sale

5 ml/1 cucchiaino di cannella in polvere

75 g/3 once/1/3 di tazza di zucchero di canna dolce

75 g/3 oz/1/3 di tazza di zucchero a velo (superfino)

75 ml/5 cucchiai di olio

1 oz/¼ di tazza di noci, tritate

5 ml/1 cucchiaino di lievito in polvere

2,5 ml/½ cucchiaino di bicarbonato di sodio (bicarbonato di sodio)

1 uovo

150 ml/¼ pt/2/3 tazza cagliata

Mescolare la farina, il sale e metà della cannella. Mescolare gli zuccheri, quindi aggiungere l'olio fino a quando non saranno ben amalgamati. Prelevare 90 ml/6 cucchiai di composto e mescolarlo con le noci e la cannella rimanente. Aggiungere il lievito, il bicarbonato di sodio, l'uovo e il latte alla massa del composto e sbattere fino a che liscio. Versare il composto principale in un piatto per microonde da 20 cm unto e infarinato e cospargere con il composto di noci. Forno a microonde ad alta potenza per 8 minuti. Lasciar raffreddare nella teglia per 10 minuti e servire caldo.

Torta al succo d'arancia al microonde

Fa una torta da 8"/20 cm

2¼ tazze/9 once/250 g di farina semplice (per tutti gli usi)

225g/8oz/1 tazza di zucchero semolato

15 ml / 1 cucchiaio di lievito in polvere

2,5 ml/½ cucchiaino di sale

60 ml/4 cucchiai di olio

250 ml/8 once/2 tazze di succo d'arancia

2 uova, separate

100 g/4 oz/½ tazza di zucchero a velo (superfino)

Glassa al burro all'arancia

Glassa di glassa all'arancia

Unire la farina, lo zucchero semolato, il lievito, il sale, l'olio e metà del succo d'arancia e sbattere fino a quando non saranno ben amalgamati. Sbattere i tuorli e il restante succo d'arancia fino a renderli leggeri e teneri. Montare gli albumi a neve ferma, quindi aggiungere metà dello zucchero semolato e sbattere fino a ottenere un composto denso e lucido. Mescolare lo zucchero rimanente, quindi piegare gli albumi nel composto per torte. Dividere in due piatti da forno a microonde da 8/20 cm imburrati e infarinati e scaldare ciascuno separatamente su High per 6-8 minuti. Togliere dal forno, coprire con un foglio di alluminio e lasciare raffreddare per 5 minuti, quindi capovolgere su una gratella per completare il raffreddamento.

Pavlova nel microonde

Fa una torta da 9"/23 cm

4 albumi d'uovo

225 g/8 oz/1 tazza di zucchero a velo (superfino)

2,5 ml/½ cucchiaino di essenza di vaniglia (estratto)

Qualche goccia di aceto di vino

150 ml/¼ pt/2/3 tazza di panna montata

1 kiwi, a fette

100 g di fragole, a fette

Sbattere gli albumi fino a formare delle cime morbide. Cospargere con metà dello zucchero e sbattere bene. Aggiungere gradualmente lo zucchero rimanente, l'essenza di vaniglia e l'aceto e sbattere fino a quando non si sarà sciolto. Stendere il composto in un cerchio di 23 cm su un foglio di carta da forno. Forno a microonde ad alta potenza per 2 minuti. Lasciar riposare nel microonde con lo sportello aperto per 10 minuti. Sfornate, staccate la carta da forno e lasciate raffreddare. Montare la panna a neve ben ferma e spalmarla sopra la meringa. Disporre bene la frutta sopra.

torta al microonde

Fa una torta da 8"/20 cm

225 g/8 once/2 tazze di farina semplice (per tutti gli usi)

15 ml / 1 cucchiaio di lievito in polvere

50 g/2 oz/¼ di tazza di zucchero semolato (superfino)

100 g/4 once/½ tazza di burro o margarina

75 ml/5 cucchiai di panna liquida (leggera)

1 uovo

Unire la farina, il lievito e lo zucchero, quindi aggiungere il burro o la margarina fino a quando il composto non assomiglia al pangrattato. Unire la panna e l'uovo, quindi lavorare nella miscela di farina fino a formare un impasto morbido. Premere in un piatto unto per microonde da 8 pollici/20 cm e cuocere nel microonde alla massima potenza per 6 minuti. Lasciare riposare per 4 minuti poi sformare e terminare il raffreddamento su una gratella.

Crostata di fragole al microonde

Fa una torta da 8"/20 cm

900 g di fragole, tagliate a fette spesse

225 g/8 oz/1 tazza di zucchero a velo (superfino)

225 g/8 once/2 tazze di farina semplice (per tutti gli usi)

15 ml / 1 cucchiaio di lievito in polvere

175 g/6 once/¾ di tazza di burro o margarina

75 ml/5 cucchiai di panna liquida (leggera)

1 uovo

¼ pt/2/3 tazza/150 ml di panna doppia (pesante), montata

Mescolare le fragole con ¾ di tazza/6 once/175 g di zucchero, quindi conservare in frigorifero per almeno 1 ora.

Unire la farina, il lievito e lo zucchero rimanente, quindi aggiungere ½ tazza/4 once/100 g di burro o margarina fino a quando il composto non assomiglia al pangrattato. Amalgamate la panna liquida e l'uovo, poi incorporate il composto di farina fino ad ottenere un impasto morbido. Premere in un piatto unto per microonde da 8 pollici/20 cm e cuocere nel microonde alla massima potenza per 6 minuti. Lasciar riposare per 4 minuti poi sformare e spaccare al centro ancora tiepido. Lasciate raffreddare.

Spalmare entrambe le superfici tagliate con il burro o la margarina rimanenti. Spalmate sul fondo un terzo della panna montata, quindi ricoprite con tre quarti delle fragole. Ricoprite con un altro terzo della crema, poi adagiatevi sopra la seconda frolla. Guarnire con la restante crema e le fragole.

Pan di spagna al microonde

Fa una torta da 7"/18 cm

150 g/5 oz/1¼ tazze di farina autolievitante (autolievitante)

100 g/4 once/½ tazza di burro o margarina

100 g/4 oz/½ tazza di zucchero a velo (superfino)

2 uova

30 ml/2 cucchiai di latte

Sbattere tutti gli ingredienti insieme fino a che liscio. Versare in un piatto foderato da 7 pollici/18 cm e cuocere nel microonde a potenza media per 6 minuti. Lasciare raffreddare in padella per 5 minuti, quindi sformare sulla gratella per completare il raffreddamento.

Barrette di uva sultanina nel microonde

Dai 12

175 g/6 once/¾ di tazza di burro o margarina

100 g/4 oz/½ tazza di zucchero a velo (superfino)

15 ml/1 cucchiaio di sciroppo d'oro (mais light)

75 g/3 oz/½ tazza di uvetta (uvetta dorata)

5 ml/1 cucchiaino di scorza di limone grattugiata

225 g/8 oz/2 tazze di farina autolievitante (autolievitante)

Per la glassa (glassa):
175 g/6 once/1 tazza di zucchero a velo (dolciumi)

30 ml/2 cucchiai di succo di limone

Microonde il burro o la margarina, lo zucchero a velo e lo sciroppo a media potenza per 2 minuti. Mescolare l'uvetta e la scorza di limone. Mescolare la farina. Versare in una pirofila quadrata da 20 cm / 8 pollici unta e foderata per microonde e cuocere nel microonde a potenza media per 8 minuti fino a quando non si solidifica. Lascia raffreddare leggermente.

Mettete lo zucchero a velo in una ciotola e fate un buco al centro. Incorporare gradualmente il succo di limone per ottenere una glassa liscia. Stendere sulla torta ancora calda, quindi lasciare raffreddare completamente.

Biscotti al cioccolato al microonde

Dai 24

8 once/1 tazza di burro o margarina, ammorbidito

100 g/4 once/½ tazza di zucchero di canna scuro

5 ml/1 cucchiaino di essenza di vaniglia (estratto)

225 g/8 oz/2 tazze di farina autolievitante (autolievitante)

50 g/2 oz/½ tazza di cioccolato da bere in polvere

Sbattere insieme il burro, lo zucchero e l'essenza di vaniglia fino a ottenere un composto chiaro e spumoso. Aggiungere gradualmente la farina e il cioccolato e mescolare fino a formare una pastella liscia. Formare delle palline delle dimensioni di una noce, metterne sei alla volta su una teglia unta per microonde (biscotti) e appiattirle leggermente con una forchetta. Riscaldare ogni lotto nel microonde ad alta potenza per 2 minuti, fino a quando tutti i biscotti sono cotti. Lascia raffreddare sulla griglia.

Biscotti al cocco al microonde

Dai 24

2 oz/¼ di tazza/50 g di burro o margarina, ammorbidito

75 g/3 oz/1/3 di tazza di zucchero a velo (superfino)

1 uovo, leggermente sbattuto

2,5 ml/½ cucchiaino di essenza di vaniglia (estratto)

75 g/3 oz/¾ tazza di farina semplice (per tutti gli usi)

25 g/1 oz/¼ di tazza di cocco essiccato (grattugiato)

Un pizzico di sale

30 ml/2 cucchiai di marmellata di fragole (negozio)

Sbattere il burro o la margarina e lo zucchero fino a ottenere un composto chiaro e spumoso. Aggiungere l'uovo e l'essenza di vaniglia alternativamente con farina, cocco e sale e mescolare fino a che liscio. Forma delle palline delle dimensioni di una noce e mettine sei alla volta su una teglia unta per microonde, quindi premi leggermente con una forchetta per appiattirle leggermente. Forno a microonde ad alta potenza per 3 minuti fino a quando non si solidifica. Trasferire su una gratella e disporre al centro di ogni biscotto un cucchiaio di marmellata. Ripeti con i biscotti rimanenti.

Fiorentine al microonde

Dai 12

2 oz/¼ di tazza/50 g di burro o margarina

50 g di zucchero demerara

15 ml/1 cucchiaio di sciroppo d'oro (mais light)

50 g di ciliegie glassate (candite)

75 g/3 once/¾ tazza di noci, tritate

25 g / 1 oz / 3 cucchiai di uvetta (uvetta dorata)

1 oz/¼ di tazza di mandorle a scaglie (a scaglie)

30 ml/2 cucchiai di corteccia mista tritata (candita)

25 g/1 oz/¼ di tazza di farina semplice (per tutti gli usi)

100 g/4 oz/1 tazza di cioccolato fondente (semidolce), spezzato (facoltativo)

Microonde burro o margarina, zucchero e sciroppo a fuoco alto per 1 minuto fino a quando non si sciolgono. Mescolare le ciliegie, le noci, l'uvetta e le mandorle, quindi incorporare il composto di buccia e farina. Mettere cucchiaini del composto, ben distanziati l'uno dall'altro, su carta da forno (oleata) e cuocere quattro alla volta ad alta potenza per 1 minuto e mezzo ogni volta. Levigare i bordi con un coltello, lasciare raffreddare sulla carta per 3 minuti, quindi trasferire su una gratella per completare il raffreddamento. Ripeti con i biscotti rimanenti. Se lo desideri, sciogli il cioccolato in una ciotola per 30 secondi e spalmalo su un lato delle fiorentine, quindi lascia solidificare.

Biscotti Nocciola e Ciliegia al microonde

Dai 24

100 g/4 once/½ tazza di burro o margarina, ammorbidito

100 g/4 oz/½ tazza di zucchero a velo (superfino)

1 uovo sbattuto

175 g/6 once/1½ tazza di farina semplice (per tutti gli usi)

50 g/2 oz/½ tazza di nocciole macinate

100 g/4 oz/½ tazza di ciliegie glassate (candite)

Sbattere insieme il burro o la margarina e lo zucchero fino a ottenere un composto leggero e spumoso. Aggiungere gradualmente l'uovo, quindi aggiungere la farina, le nocciole e le ciliegie. Mettere cucchiai ben distanziati su teglie (biscotti) adatte al microonde e scaldare otto biscotti (biscotti) alla volta su High per circa 2 minuti fino a quando non si solidificano.

Biscotti all'uvetta nel microonde

Dai 24

225 g/8 once/2 tazze di farina semplice (per tutti gli usi)

5 ml/1 cucchiaino. spezie miste macinate (torta di mele)

175 g di burro o margarina, ammorbidito

100 g/4 once/2/3 tazze di uvetta (uvetta dorata)

175 g di zucchero demerara

Unire la farina e le spezie miste, quindi aggiungere il burro o la margarina, l'uvetta e 100 g di zucchero per ottenere un impasto morbido. Arrotolare in due salsicce lunghe circa 18 cm e rotolare nello zucchero rimanente. Tagliare a fette e disporne sei alla volta su una teglia da forno unta per microonde e cuocere a microonde in alto per 2 minuti. Lasciare raffreddare su una gratella e ripetere con il resto dei biscotti.

Pane alla banana nel microonde

Fa una pagnotta di 450 g/1 lb

75 g/3 once/1/3 tazza di burro o margarina, ammorbidito

175 g/6 oz/¾ tazza di zucchero a velo (superfino)

2 uova, leggermente sbattute

200 g/7 oz/1¾ tazza di farina semplice (per tutti gli usi)

10 ml / 2 cucchiaini di lievito in polvere

2,5 ml/½ cucchiaino di bicarbonato di sodio (bicarbonato di sodio)

Un pizzico di sale

2 banane mature

15 ml / 1 cucchiaio di succo di limone

60 ml/4 cucchiai di latte

50 g/2 once/½ tazza di noci, tritate

Sbattere insieme il burro o la margarina e lo zucchero fino a ottenere un composto leggero e spumoso. Sbattere lentamente le uova, quindi incorporare la farina, il lievito, il bicarbonato di sodio e il sale. Schiacciate le banane con il succo di limone, quindi incorporatele al composto con il latte e le noci. Versare in uno stampo da plumcake unto e infarinato da 450 g/1 lb adatto al microonde e cuocere nel microonde alla massima potenza per 12 minuti. Togliere dal forno, coprire con un foglio di alluminio e lasciare raffreddare per 10 minuti, quindi sformare su una gratella per completare il raffreddamento.

Pane al formaggio nel microonde

Fa una pagnotta di 450 g/1 lb

2 oz/¼ di tazza/50 g di burro o margarina

250ml/8oz/1 tazza di latte

2 uova, leggermente sbattute

225 g/8 once/2 tazze di farina semplice (per tutti gli usi)

10 ml / 2 cucchiaini di lievito in polvere

10 ml/2 cucchiaini di senape in polvere

2,5 ml/½ cucchiaino di sale

175 g/6 once/1½ tazza di formaggio cheddar, grattugiato

Sciogli il burro o la margarina in una piccola ciotola in alto per 1 minuto. Mescolare il latte e le uova. Unire la farina, il lievito, la senape, il sale e 100 g di formaggio. Mescolare nella miscela di latte fino a quando ben miscelato. Versare in una teglia da forno per microonde (pentola) e cuocere a microonde in alto per 9 minuti. Cospargere con il formaggio rimanente, coprire con un foglio e lasciare riposare 20 minuti.

pane alle noci al microonde

Fa una pagnotta di 450 g/1 lb

225 g/8 once/2 tazze di farina semplice (per tutti gli usi)

10 once/300 g/1¼ tazze di zucchero a velo (superfino)

5 ml/1 cucchiaino di lievito in polvere

Un pizzico di sale

100 g/4 once/½ tazza di burro o margarina, ammorbidito

150 ml/¼ pt/2/3 tazza di latte

2,5 ml/½ cucchiaino di essenza di vaniglia (estratto)

4 albumi d'uovo

50 g/2 once/½ tazza di noci, tritate

Mescolare insieme farina, zucchero, lievito e sale. Sbattere il burro o la margarina, poi il latte e l'essenza di vaniglia. Sbattere gli albumi fino a renderli cremosi, quindi incorporare le noci. Versare in uno stampo da plumcake unto e infarinato da 450 g/1 lb adatto al microonde e cuocere nel microonde alla massima potenza per 12 minuti. Togliere dal forno, coprire con un foglio di alluminio e lasciare raffreddare per 10 minuti, quindi sformare su una gratella per completare il raffreddamento.

Torta Amaretti Senza Cottura

Fa una torta da 8"/20 cm

100 g/4 once/½ tazza di burro o margarina

175 g/6 once/1½ tazza di cioccolato fondente (semidolce)

75 g/3 oz Amaretti (biscotti), tritati grossolanamente

175 g/6 once/1½ tazza di noci, tritate

50 g/2 once/½ tazza di pinoli

75 g/3 oz/1/3 di tazza di ciliegie glassate (candite), tritate

30 ml/2 cucchiai di Grand Marnier

225 g/8 once/1 tazza di mascarpone

Sciogli il burro o la margarina e il cioccolato in una ciotola resistente al calore posta sopra una casseruola di acqua bollente. Togliere dal fuoco e aggiungere i biscotti, le noci e le ciliegie. Versare in uno stampo a sandwich (stampo) rivestito con pellicola trasparente (pellicola) e premere delicatamente. Conservare in frigorifero per 1 ora fino al set. Sformare su un piatto da portata e togliere la pellicola trasparente. Sbattere il Grand Marnier nel mascarpone e versare sulla base.

Barrette di riso croccanti americane

Fa circa 24 bar

2 oz/¼ di tazza/50 g di burro o margarina

Marshmallow bianchi da 225 g/8 once

5 ml/1 cucchiaino di essenza di vaniglia (estratto)

5 oz/150 g di cereali di riso soffiato

Sciogli il burro o la margarina in una casseruola capiente a fuoco basso. Aggiungere i marshmallow e cuocere, mescolando continuamente, fino a quando i marshmallow si sono sciolti e il composto è siropposo. Togliere dal fuoco e aggiungere l'essenza di vaniglia. Mescolare i cereali di riso fino a ricoprirli uniformemente. Premere in una teglia quadrata da 9 pollici/23 cm e tagliare in barre. Lascia prendere.

Quadri Albicocca

Dai 12

2 oz/¼ di tazza/50 g di burro o margarina

175 g/6 oz/1 lattina piccola di latte evaporato

15 ml / 1 cucchiaio di miele chiaro

45 ml/3 cucchiai di succo di mela

50 g/2 once/¼ di tazza di zucchero di canna dolce

50 g/2 once/1/3 di tazza di uvetta (uvetta dorata)

8 once / 11/3 tazze di albicocche secche pronte da mangiare, tritate

100 g/4 once/1 tazza di cocco essiccato (grattugiato)

225 g/8 once/2 tazze di fiocchi d'avena

Sciogliere il burro o la margarina con il latte, il miele, il succo di mela e lo zucchero. Mescolare gli ingredienti rimanenti. Premere in una padella unta da 12 pollici/25 cm e raffreddare prima di tagliare a quadrati.

Torta Swiss Roll alle albicocche

Fa una torta da 9"/23 cm

14 once / 1 grande metà di albicocca, scolata e conservata nel succo

50 g/2 oz/½ tazza di crema pasticcera in polvere

75 g/3 oz/¼ di tazza di gelatina di albicocche (conserve chiare)

75 g/3 oz/½ tazza di albicocche secche pronte al consumo, tritate

400g/14oz/1 lattina grande di latte condensato

225 g/8 once/1 tazza di ricotta

45 ml/3 cucchiai di succo di limone

1 rotolo svizzero, affettato

Preparare il succo di albicocca con acqua per ottenere 500 ml/17 fl oz/2¼ tazze. Mescolare la polvere di crema pasticcera in una pasta con un po' di liquido, quindi portare a ebollizione il resto. Mescolare la pastella di crema pasticcera e la gelatina di albicocche e cuocere a fuoco lento fino a quando non diventa densa e lucida, mescolando continuamente. Schiacciate le albicocche sciroppate e aggiungetele al composto con le albicocche secche. Lasciar raffreddare, mescolando di tanto in tanto.

Sbattere insieme il latte condensato, la ricotta e il succo di limone fino a quando non saranno ben amalgamati, quindi mescolare nella miscela di gelatina. Foderare una tortiera da 23 cm (stagno) con pellicola trasparente (pellicola) e disporre le fette di rotolo svizzero (gelatina) sul fondo e sui lati della teglia. Versare la miscela di torta e conservare in frigorifero fino al set. Sformare con cura al momento di servire.

Torte Biscotto Rotto

Dai 12

100 g/4 once/½ tazza di burro o margarina

30 ml/2 cucchiai di zucchero semolato (surfin)

15 ml/1 cucchiaio di sciroppo d'oro (mais light)

30 ml/2 cucchiai di cacao in polvere (cioccolato non zuccherato)

225 g/8 once/2 tazze di briciole di biscotti (biscotti)

50 g/2 once/1/3 di tazza di uvetta (uvetta dorata)

Sciogliere il burro o la margarina con lo zucchero e lo sciroppo senza farlo bollire. Mescolare il cacao, i biscotti e l'uvetta. Premere in una teglia (stampo) unta da 10"/25 cm, lasciare raffreddare, quindi conservare in frigorifero fino a quando non si rassoda. Tagliare a quadrati.

Torta al burro senza cottura

Fa una torta da 9"/23 cm

30 ml/2 cucchiai di crema pasticcera in polvere

100 g/4 oz/½ tazza di zucchero a velo (superfino)

450 ml/¾ pt/2 tazze di latte

6 fl oz/¾ tazza di latticello/175 ml

25 g/1 oz/2 cucchiai di burro o margarina

400 g/12 oz biscotti semplici (biscotti), tritati

120 ml/4 fl oz/½ tazza di panna montata

Mescolare la crema pasticcera in polvere e la pasta di zucchero con un po' di latte. Portare a ebollizione il latte rimanente. Mescolare nella pastella, quindi rimettere tutto nella padella e mescolare a fuoco basso per circa 5 minuti fino a quando non si addensa. Mescolare il latticello e il burro o la margarina. Versare strati di biscotti sbriciolati e crema pasticcera in una tortiera da 23 cm foderata con pellicola trasparente (pellicola) o un piatto di vetro. Premere delicatamente e conservare in frigorifero fino al set. Montare la panna a neve ben ferma, quindi distribuire sopra la torta delle rosette di crema. Servire dal piatto o sollevare delicatamente per servire.

Fetta di castagne

Fa una pagnotta da 900g/2lb

225 g/8 oz/2 tazze di cioccolato fondente (semidolce)

100 g/4 once/½ tazza di burro o margarina, ammorbidito

100 g/4 oz/½ tazza di zucchero a velo (superfino)

450 g/1 lb/1 lattina di purea di castagne non zuccherata

25 g/1 oz/¼ di tazza di farina di riso

Qualche goccia di essenza di vaniglia (estratto)

2/3 di tazza/¼ pt/150 ml di panna da montare, montata

Cioccolato grattugiato per guarnire

Sciogliere il cioccolato fondente in una ciotola resistente al calore sopra una casseruola di acqua bollente. Sbattere insieme il burro o la margarina e lo zucchero fino a ottenere un composto leggero e spumoso. Incorporare la purea di castagne, il cioccolato, la farina di riso e l'essenza di vaniglia. Versare in una teglia unta e foderata da 900 g / 2 libbre e conservare in frigorifero fino a quando non si rassoda. Decorare con panna montata e cioccolato grattugiato prima di servire.

Pan di spagna alla castagna

Produce una torta da 900 g/2 libbre

Per la torta:

400 g / 14 oz / 1 lattina grande purea di castagne zuccherata

100 g/4 once/½ tazza di burro o margarina, ammorbidito

1 uovo

Qualche goccia di essenza di vaniglia (estratto)

30 ml/2 cucchiai di cognac

24 biscotti biscotti biscotti (biscotti)

Per la glassa:

30 ml/2 cucchiai di cacao in polvere (cioccolato non zuccherato)

15 ml / 1 cucchiaio di zucchero semolato (surfin)

30 ml/2 cucchiai di acqua

Per la crema al burro:

100 g/4 once/½ tazza di burro o margarina, ammorbidito

2/3 di tazza/4 once/100 g di zucchero a velo (dolciumi), setacciato

15 ml/1 cucchiaio di essenza di caffè (estratto)

Per preparare la torta, unire la purea di castagne, il burro o la margarina, l'uovo, l'essenza di vaniglia e 15 ml/1 cucchiaio di brandy e sbattere fino a che liscio. Imburrare e rivestire uno stampo da plumcake da 900 g/2 libbre (stagno) e rivestire il fondo e i lati con i biscotti. Cospargere i biscotti con il restante brandy e versare al centro il composto di castagne. Raffreddare fino a quando non si ferma.

Sollevare dallo stampo e rimuovere la carta di rivestimento. Sciogliere gli ingredienti per la glassa in una ciotola resistente al calore posta sopra una casseruola di acqua bollente, mescolando fino a che liscio. Raffreddare leggermente, quindi spennellare la maggior parte della glassa sulla parte superiore della torta. Amalgamare gli ingredienti per la crema al burro fino a ottenere un composto omogeneo, quindi ruotare attorno al bordo della torta. Condire con glassa riservata per finire.

Barrette di cioccolato e mandorle

Dai 12

175 g/6 once/1½ tazza di cioccolato fondente (semidolce), tritato

3 uova, separate

120 ml/4 oz/½ tazza di latte

10 ml/2 cucchiaini di gelatina in polvere

120 ml / 4 fl oz / ½ tazza di panna doppia (pesante)

45 ml/3 cucchiai di zucchero semolato (surfin)

60 ml/4 cucchiai di mandorle a scaglie (a scaglie), tostate

Sciogliere il cioccolato in una ciotola resistente al calore posta sopra una casseruola di acqua bollente. Togliere dal fuoco e incorporare i tuorli d'uovo. Bollire il latte in una casseruola separata, quindi frullare la gelatina. Mescolare nella miscela di cioccolato, quindi incorporare la panna. Montare gli albumi a neve ferma, quindi aggiungere lo zucchero e sbattere ancora fino a renderli sodi e lucidi. Mescolare nella miscela. Versare in uno stampo da plumcake imburrato e foderato da 450 g/1 libbra, cospargere di mandorle tostate e lasciare raffreddare, quindi conservare in frigorifero per almeno 3 ore fino a solidificazione. Girare e tagliare a fette spesse per servire

Torta Croccante Al Cioccolato

Fa una pagnotta di 450 g/1 lb

2/3 di tazza/5 once/150 g di burro o margarina

30 ml/2 cucchiai di sciroppo d'oro (mais light)

175 g/6 once/1½ tazza di biscotti digestivi sbriciolati (graham crackers)

2 oz/50 g di cereali di riso soffiato

25 g / 1 oz / 3 cucchiai di uvetta (uvetta dorata)

25 g/1 oz/2 cucchiai di ciliegie glassate (candite), tritate

225 g/8 once/2 tazze di gocce di cioccolato

30 ml/2 cucchiai di acqua

1 tazza/6 once/175 g di zucchero a velo (dolciumi), setacciato

Sciogliere ½ tazza/4 once/100 g di burro o margarina con lo sciroppo, quindi togliere dal fuoco e incorporare le briciole di biscotti, i cereali, l'uvetta, le ciliegie e tre quarti delle gocce di cioccolato. Versare in una tortiera imburrata e foderata da 450g/1lb e livellare la parte superiore. Raffreddare fino a quando non si ferma. Sciogliere il resto del burro o della margarina con il resto del cioccolato e l'acqua. Aggiungere lo zucchero a velo e mescolare fino a che liscio. Togliere la torta dalla teglia e tagliarla a metà nel senso della lunghezza. Panini con metà della glassa al cioccolato (glassa), adagiare su un piatto da portata, quindi versare sopra la glassa rimanente. Refrigerare prima di servire.

Quadrati sbriciolati al cioccolato

Dà circa 24

225 g/8 oz biscotti digestivi (graham cracker)

100 g/4 once/½ tazza di burro o margarina

25 g/1 oz/2 cucchiai di zucchero a velo (superfino)

15 ml/1 cucchiaio di sciroppo d'oro (mais light)

45 ml/3 cucchiai di cacao in polvere (cioccolato non zuccherato)

Rivestimento per torta al cioccolato da 200 g/7 once/1¾ tazze

Metti i biscotti in un sacchetto di plastica e schiacciali con un mattarello. Sciogli il burro o la margarina in una casseruola, quindi aggiungi lo zucchero e lo sciroppo. Togliere dal fuoco e aggiungere le briciole di biscotti e il cacao. Versare in una tortiera quadrata da 18 cm imburrata e foderata e premere uniformemente. Lasciare raffreddare, quindi conservare in frigorifero fino al set.

Sciogliere il cioccolato in una ciotola resistente al calore posta sopra una casseruola di acqua bollente. Stendere sopra il biscotto, tracciando delle linee con una forchetta mentre si solidifica. Tagliare a quadrati quando è fermo.

Torta al cioccolato in frigo

Produce una torta da 450 g/1 libbra

100 g/4 once/½ tazza di zucchero di canna dolce

100 g/4 once/½ tazza di burro o margarina

50 g/2 oz/½ tazza di cioccolato da bere in polvere

25 g/1 oz/¼ di tazza di cacao in polvere (cioccolato non zuccherato)

30 ml/2 cucchiai di sciroppo d'oro (mais light)

5 oz/150 g di biscotti digestivi (graham crackers) o ricchi biscotti al tè

50 g di ciliegie glassate (candite) o noci miste e uvetta

100g/4oz/1 tazza di cioccolato al latte

Mettete in un pentolino lo zucchero, il burro o la margarina, il cioccolato da bere, il cacao e lo sciroppo e fate scaldare dolcemente fino a quando il burro si sarà sciolto, mescolando bene. Togliere dal fuoco e sbriciolare i biscotti. Mescolare le ciliegie o le noci e l'uvetta e versare in una padella da 450 g/1 libbra (padella). Lasciar raffreddare in frigorifero.

Sciogliere il cioccolato in una ciotola resistente al calore sopra una casseruola di acqua bollente. Distribuire sopra la torta raffreddata e affettare quando è impostato.

Torta al cioccolato e frutta

Fa una torta da 7"/18 cm

100 g/4 once/½ tazza di burro o margarina, sciolti

100 g/4 once/½ tazza di zucchero di canna dolce

225 g/8 oz/2 tazze di briciole di biscotti digestivi (graham cracker)

50 g/2 once/1/3 di tazza di uvetta (uvetta dorata)

45 ml/3 cucchiai di cacao in polvere (cioccolato non zuccherato)

1 uovo sbattuto

Qualche goccia di essenza di vaniglia (estratto)

Mescolare il burro o la margarina e lo zucchero, quindi incorporare il resto degli ingredienti e sbattere bene. Versare in una teglia da sandwich da 7 pollici/18 cm unta e lisciare la superficie. Raffreddare fino al set.

Quadrati Di Zenzero Al Cioccolato

Dai 24

100 g/4 once/½ tazza di burro o margarina

100 g/4 once/½ tazza di zucchero di canna dolce

30 ml/2 cucchiai di cacao in polvere (cioccolato non zuccherato)

1 uovo, leggermente sbattuto

225 g/8 once/2 tazze di briciole di biscotti allo zenzero (biscotti)

15 ml / 1 cucchiaio di zenzero cristallizzato (candito) tritato

Sciogli il burro o la margarina, quindi aggiungi lo zucchero e il cacao fino a quando non saranno ben amalgamati. Mescolare l'uovo, le briciole di biscotti e lo zenzero. Premere in una teglia per rotoli svizzeri (padella per gelatina) e conservare in frigorifero fino a quando non si rassoda. Tagliare a quadrati.

Deluxe Cioccolato Zenzero Quadrati

Dai 24

100 g/4 once/½ tazza di burro o margarina

100 g/4 once/½ tazza di zucchero di canna dolce

30 ml/2 cucchiai di cacao in polvere (cioccolato non zuccherato)

1 uovo, leggermente sbattuto

225 g/8 once/2 tazze di briciole di biscotti allo zenzero (biscotti)

15 ml / 1 cucchiaio di zenzero cristallizzato (candito) tritato

100 g/4 oz/1 tazza di cioccolato fondente (semidolce)

Sciogli il burro o la margarina, quindi aggiungi lo zucchero e il cacao fino a quando non saranno ben amalgamati. Mescolare l'uovo, le briciole di biscotti e lo zenzero. Premere in una teglia per rotoli svizzeri (padella per gelatina) e conservare in frigorifero fino a quando non si rassoda.

> Sciogliere il cioccolato in una ciotola resistente al calore posta sopra una casseruola di acqua bollente. Distribuire sulla torta e lasciare solidificare. Tagliare a quadretti quando il cioccolato è quasi duro.

Biscotti al cioccolato e miele

Dai 12

225 g/8 once/1 tazza di burro o margarina

30 ml/2 cucchiai di miele chiaro

90 ml/6 cucchiai di carruba o cacao in polvere (cioccolato non zuccherato)

225 g/8 once/2 tazze di briciole di biscotti dolci (biscotti)

Sciogli il burro o la margarina, il miele e la carruba o il cacao in polvere in una casseruola fino a quando non saranno ben amalgamati. Unire le briciole di biscotti. Versare in una tortiera quadrata da 20 cm imburrata e lasciare raffreddare, quindi tagliare a quadrati.

millefoglie al cioccolato

Produce una torta da 450 g/1 libbra

½ pt/1¼ tazze/300 ml di doppia panna (densa)

225 g/8 oz/2 tazze di cioccolato fondente (semidolce), spezzato

5 ml/1 cucchiaino di essenza di vaniglia (estratto)

20 biscotti semplici (biscotti)

Scaldare la panna in un pentolino a fuoco basso fino a quasi ebollizione. Togliete dal fuoco e aggiungete il cioccolato, mescolate, coprite e lasciate riposare per 5 minuti. Mescolare l'essenza di vaniglia e mescolare fino a quando non sarà ben amalgamato, quindi conservare in frigorifero fino a quando la miscela inizia ad addensarsi.

Rivestire una teglia (stampo) da 450 g / 1 lb con pellicola trasparente (pellicola). Stendere uno strato di cioccolato sul fondo, quindi disporre sopra alcuni strati di biscotti. Continua a sovrapporre il cioccolato e i biscotti fino a quando non li hai usati. Terminare con uno strato di cioccolato. Coprire con pellicola trasparente e mettere in frigo per almeno 3 ore. Sformare la torta e rimuovere la pellicola trasparente.

Belle tavolette di cioccolato

Dai 12

100 g/4 once/½ tazza di burro o margarina

30 ml/2 cucchiai di sciroppo d'oro (mais light)

30 ml/2 cucchiai di cacao in polvere (cioccolato non zuccherato)

1 confezione/8 oz/225 g Biscotti fini o semplici (biscotti), tritati grossolanamente

100 g/4 oz/1 tazza di cioccolato fondente (semidolce), a dadini

Sciogliere il burro o la margarina e lo sciroppo, quindi togliere dal fuoco e incorporare il cacao e i biscotti sbriciolati. Distribuire il composto in una tortiera quadrata da 23 cm e livellare la superficie. Sciogliere il cioccolato in una ciotola resistente al calore sopra una casseruola di acqua bollente e spalmare sopra. Raffreddare leggermente, quindi tagliare in barre o quadrati e conservare in frigorifero fino al set.

Quadrati Di Praline Al Cioccolato

Dai 12

100 g/4 once/½ tazza di burro o margarina

30 ml/2 cucchiai di zucchero semolato (surfin)

15 ml/1 cucchiaio di sciroppo d'oro (mais light)

15 ml/1 cucchiaio di cioccolato da bere in polvere

8 oz/225 g di biscotti digestivi (graham crackers), tritati

200 g/7 oz/1¾ tazza di cioccolato fondente (semidolce)

100 g/4 once/1 tazza di noci miste tritate

In un pentolino sciogliere il burro o la margarina, lo zucchero, lo sciroppo e il cioccolato da bere. Portare a ebollizione, quindi far bollire per 40 secondi. Togliere dal fuoco e mescolare in biscotti e noci. Premere in una tortiera unta da 11 x 7 pollici/28 x 18 cm. Sciogliere il cioccolato in una ciotola resistente al calore sopra una casseruola di acqua bollente. Distribuire sui biscotti e lasciare raffreddare, quindi conservare in frigorifero 2 ore prima di tagliare a quadrati.

Patatine al cocco

Dai 12

100 g/4 oz/1 tazza di cioccolato fondente (semidolce)

30 ml/2 cucchiai di latte

30 ml/2 cucchiai di sciroppo d'oro (mais light)

4 oz/100 g di cereali di riso soffiato

50 g/2 oz/½ tazza di cocco essiccato (grattugiato)

Sciogliere in un pentolino il cioccolato, il latte e lo sciroppo. Togliere dal fuoco e aggiungere i cereali e il cocco. Versare in pirottini di carta (cartine per cupcake) e lasciare solidificare.

Barrette croccanti

Dai 12

175 g/6 once/¾ di tazza di burro o margarina

50 g/2 once/¼ di tazza di zucchero di canna dolce

30 ml/2 cucchiai di sciroppo d'oro (mais light)

45 ml/3 cucchiai di cacao in polvere (cioccolato non zuccherato)

75 g/3 once/½ tazza di uvetta o uvetta (uvetta dorata)

350 g/12 oz/3 tazze di cereali croccanti di farina d'avena

225 g/8 oz/2 tazze di cioccolato fondente (semidolce)

Sciogliere il burro o la margarina con lo zucchero, lo sciroppo e il cacao. Mescolare l'uvetta o l'uvetta e i cereali. Pressare il composto in una teglia imburrata da 25 cm/12 pollici. Sciogliere il cioccolato in una ciotola resistente al calore sopra una casseruola di acqua bollente. Distribuire sulle barrette e lasciare raffreddare, quindi conservare in frigorifero prima di tagliare le barrette.

Croccantini all'uvetta al cocco

Dai 12

100g/4oz/1 tazza di cioccolato bianco

30 ml/2 cucchiai di latte

30 ml/2 cucchiai di sciroppo d'oro (mais light)

6 oz/175 g di cereali di riso soffiato

50 g/2 once/1/3 di tazza di uvetta

Sciogliere in un pentolino il cioccolato, il latte e lo sciroppo. Togliere dal fuoco e aggiungere i cereali e l'uvetta. Versare in pirottini di carta (cartine per cupcake) e lasciare solidificare.

Piazze Café au lait

Dai 20

25 g / 1 oz / 2 cucchiai di gelatina in polvere

75 ml/5 cucchiai di acqua fredda

225 g/8 once/2 tazze di briciole di biscotti semplici

2 oz/¼ di tazza/50 g di burro o margarina, sciolti

400 g/14 oz/1 lattina grande di latte evaporato

2/3 di tazza/5 once/150 g di zucchero a velo (superfino)

14 fl oz/1¾ tazze di caffè nero forte, ghiacciato

Panna montata e fettine di arance candite (candite) per guarnire

Cospargi la gelatina sull'acqua in una ciotola e lasciala fino a renderla spugnosa. Metti la ciotola in una pentola di acqua calda e lasciala fino a quando non si scioglie. Lascia raffreddare leggermente. Mescolare le briciole di biscotti nel burro fuso e premere sul fondo e sui lati di una tortiera rettangolare unta da 12 x 8 pollici/30 x 20 cm. Sbattere il latte evaporato fino a farlo addensare, quindi incorporare gradualmente lo zucchero, quindi la gelatina sciolta e il caffè. Versare sopra la base e conservare in frigorifero fino al set. Tagliare a quadretti e decorare con panna montata e fettine di arancia candita (candita).

Torta alla frutta senza cottura

Fa una torta da 9"/23 cm

450 g/1 lb/22/3 tazze di frutta secca mista (miscela per torta di frutta)

450 g/1 lb di biscotti semplici (biscotti), tritati

100 g/4 once/½ tazza di burro o margarina, sciolti

100 g/4 once/½ tazza di zucchero di canna dolce

400g/14oz/1 lattina grande di latte condensato

5 ml/1 cucchiaino di essenza di vaniglia (estratto)

Mescolare tutti gli ingredienti insieme fino a quando non sono ben amalgamati. Versare in una tortiera da 23 cm / 9 pollici unta e foderata con pellicola trasparente (pellicola) e premere. Raffreddare fino a quando non si ferma.

quadretti fruttati

Resa circa 12

100 g/4 once/½ tazza di burro o margarina

100 g/4 once/½ tazza di zucchero di canna dolce

400g/14oz/1 lattina grande di latte condensato

5 ml/1 cucchiaino di essenza di vaniglia (estratto)

250 g/9 oz/1½ tazza di frutta secca mista (miscela per torta di frutta)

100 g/4 oz/½ tazza di ciliegie glassate (candite)

50 g/2 once/½ tazza di noci miste tritate

400 g/14 oz biscotti semplici (biscotti), tritati

Sciogliere il burro o la margarina e lo zucchero a fuoco basso. Aggiungere il latte condensato e l'essenza di vaniglia e togliere dal fuoco. Mescolare gli ingredienti rimanenti. Premere in una teglia unta per rotoli svizzeri (teglia per gelatina) e conservare in frigorifero per 24 ore fino a quando non si rassoda. Tagliare a quadrati.

Cracker di frutta e fibre

Dai 12

100 g/4 oz/1 tazza di cioccolato fondente (semidolce)

2 oz/¼ di tazza/50 g di burro o margarina

15 ml/1 cucchiaio di sciroppo d'oro (mais light)

100 g/4 oz/1 tazza di cereali per la colazione con frutta e fibre

Sciogliere il cioccolato in una ciotola resistente al calore sopra una casseruola di acqua bollente. Mescolare il burro o la margarina e lo sciroppo. Mescolare i cereali. Versare in pirottini di carta (carte per cupcake) e lasciare raffreddare e solidificare.

Torta a strati di torrone

Produce una torta da 900 g/2 libbre

15 g/½ oz/1 cucchiaio di gelatina in polvere

100 ml/3½ fl oz/6½ cucchiai di acqua

1 confezione di spugnette piccole

8 once/1 tazza di burro o margarina, ammorbidito

50 g/2 oz/¼ di tazza di zucchero semolato (superfino)

400g/14oz/1 lattina grande di latte condensato

5ml/1 cucchiaino di succo di limone

5 ml/1 cucchiaino di essenza di vaniglia (estratto)

5ml/1 cucchiaino di cremor tartaro

2/3 di tazza/4 once/100 g di frutta secca mista (miscela per torta di frutta), tritata

Cospargi la gelatina sull'acqua in una piccola ciotola, quindi metti la ciotola in una pentola di acqua calda fino a quando la gelatina non è chiara. Raffreddare leggermente. Rivestire una teglia da plumcake (stagno) con un foglio di alluminio da 900 g/2 libbre in modo che il foglio copra la parte superiore della teglia, quindi disporre metà dei pan di spagna sul fondo. Sbattere il burro o la margarina e lo zucchero fino a ottenere una crema, quindi incorporare tutti gli altri ingredienti. Versare nello stampo e adagiarvi sopra il restante pan di spagna. Coprite con un foglio di alluminio e mettete sopra un peso. Raffreddare fino a quando non si ferma.

Quadretti al latte e noce moscata

Dai 20

Per la base:

225 g/8 once/2 tazze di briciole di biscotti semplici

30 ml/2 cucchiai di zucchero di canna

2,5 ml/½ cucchiaino di noce moscata grattugiata

100 g/4 once/½ tazza di burro o margarina, sciolti

Per il ripieno:

1,2 litri/2 qts/5 tazze di latte

25 g/1 oz/2 cucchiai di burro o margarina

2 uova, separate

225 g/8 oz/1 tazza di zucchero a velo (superfino)

100 g/4 oz/1 tazza di farina di mais (amido di mais)

50 g/2 oz/½ tazza di farina semplice (per tutti gli usi)

5 ml/1 cucchiaino di lievito in polvere

Un pizzico di noce moscata grattugiata

noce moscata grattugiata per spolverare

Per preparare la base, mescolare i biscotti sbriciolati, lo zucchero e la noce moscata nel burro fuso o nella margarina e premere sul fondo di una tortiera unta di 30 x 20 cm/12 x 8 pollici.

Per preparare il ripieno, portare a ebollizione 1¾ tazze/1 litro/4¼ tazze di latte in una casseruola capiente. Aggiungere il burro o la margarina. Sbattete i tuorli con il resto del latte. Aggiungere lo zucchero, la maizena, la farina, il lievito e la noce moscata. Sbattere un po' di latte bollente nel composto di tuorlo d'uovo fino a formare una pasta, quindi mescolare la pasta nel latte bollente, mescolando continuamente a fuoco basso per alcuni minuti fino a quando non si addensa. Togliere dal fuoco. Montare a neve ferma gli albumi, poi incorporarli al composto. Versare sulla base e cospargere generosamente di noce moscata. Lasciare raffreddare, quindi conservare in frigorifero e tagliare a quadrati prima di servire.

Muesli croccante

Fa circa 16 quadrati

400 g/14 oz/3½ tazze di cioccolato fondente (semidolce)

45 ml/3 cucchiai di sciroppo d'oro (mais light)

25 g/1 oz/2 cucchiai di burro o margarina

Circa 225 g/8 once/2/3 tazze di muesli

Sciogliere metà del cioccolato, lo sciroppo e il burro o la margarina. Incorporare gradualmente abbastanza muesli per ottenere una miscela densa. Premere in una teglia per rotoli svizzeri unta (padella per rotoli di gelatina). Sciogliere il resto del cioccolato e lisciare la parte superiore. Raffreddare in frigorifero prima di tagliare a quadrati.

Quadrati di mousse all'arancia

Dai 20

25 g / 1 oz / 2 cucchiai di gelatina in polvere

75 ml/5 cucchiai di acqua fredda

225 g/8 once/2 tazze di briciole di biscotti semplici

2 oz/¼ di tazza/50 g di burro o margarina, sciolti

400 g/14 oz/1 lattina grande di latte evaporato

2/3 di tazza/5 once/150 g di zucchero a velo (superfino)

400 ml/14 fl oz/1¾ tazza di succo d'arancia

Panna montata e cioccolatini per guarnire

Cospargi la gelatina sull'acqua in una ciotola e lasciala fino a renderla spugnosa. Metti la ciotola in una pentola di acqua calda e lasciala fino a quando non si scioglie. Lascia raffreddare leggermente. Mescolare le briciole di biscotti nel burro fuso e premere sul fondo e sui lati di una tortiera poco profonda da 12 x 8 pollici / 30 x 20 cm. Sbattere il latte fino a renderlo denso, quindi incorporare gradualmente lo zucchero, quindi la gelatina sciolta e il succo d'arancia. Versare sopra la base e conservare in frigorifero fino al set. Tagliare a quadretti e decorare con panna montata e cioccolatini.

Quadrati di arachidi

Dà 18

225 g/8 once/2 tazze di briciole di biscotti semplici

100 g/4 once/½ tazza di burro o margarina, sciolti

8 once / 1 tazza di burro di arachidi croccante

25 g/1 oz/2 cucchiai di ciliegie candite

25 g / 1 oz / 3 cucchiai di uva spina

Mescolare tutti gli ingredienti insieme fino a quando non sono ben amalgamati. Premere in una padella unta da 12 pollici/25 cm e conservare in frigorifero fino a quando non si rassoda, quindi tagliare a quadrati.

Torte al caramello alla menta piperita

Dà 16

400g/14oz/1 lattina grande di latte condensato

600 ml/1 pt/2½ tazze di latte

30 ml/2 cucchiai di crema pasticcera in polvere

225 g/8 oz/2 tazze di briciole di biscotti digestivi (graham cracker)

100 g/4 oz/1 tazza di cioccolato alla menta piperita, spezzettato

Metti la lattina chiusa di latte condensato in una casseruola piena d'acqua a sufficienza per coprire la lattina. Portare a ebollizione, coprire e cuocere a fuoco lento per 3 ore, aggiungendo acqua bollente se necessario. Lasciare raffreddare quindi aprire la scatola ed eliminare il caramello.

Scaldare 2¼ tazze/500 ml di latte con il caramello, portare a ebollizione e mescolare finché non si scioglie. Mescolare la polvere di crema pasticcera in una pasta con il latte rimanente, quindi mescolarla nella casseruola e continuare a cuocere a fuoco lento fino a quando non si addensa, mescolando continuamente. Cospargere metà dei biscotti sbriciolati sul fondo di una tortiera quadrata da 20 cm imburrata, quindi adagiarvi sopra metà del crème caramel e cospargere con metà del cioccolato. Ripeti gli strati, quindi lascia raffreddare. Refrigerare, quindi tagliare in porzioni per servire.

Cracker di riso

Dai 24

175 g/6 oz/½ tazza di miele chiaro

225g/8oz/1 tazza di zucchero semolato

60 ml/4 cucchiai di acqua

Cereali di riso soffiato da 350 g/12 oz/1 confezione

100 g/4 once/1 tazza di arachidi tostate

Sciogliere il miele, lo zucchero e l'acqua in una pentola capiente, quindi lasciare raffreddare per 5 minuti. Mescolare i cereali e le arachidi. Formate delle palline, mettetele in pirottini di carta (cartine per cupcake) e lasciate raffreddare e solidificare.

Riso e caramello al cioccolato

Rende 225g/8oz

2 oz/¼ di tazza/50 g di burro o margarina

30 ml/2 cucchiai di sciroppo d'oro (mais light)

30 ml/2 cucchiai di cacao in polvere (cioccolato non zuccherato)

60 ml/4 cucchiai di zucchero semolato (surfin)

50 g/2 oz/½ tazza di riso macinato

Sciogliere il burro e lo sciroppo. Mescolare il cacao e lo zucchero fino a quando non si sono sciolti, quindi aggiungere il riso macinato. Portare delicatamente a ebollizione, abbassare la fiamma e cuocere a fuoco lento per 5 minuti, mescolando continuamente. Versare in uno stampo quadrato di 20 cm imburrato e foderato e lasciare raffreddare leggermente. Tagliare a quadretti, quindi lasciar raffreddare completamente prima di sformare.

pasta di mandorle

Copre la parte superiore e i lati di una torta da 9"/23 cm

225 g/8 oz/2 tazze di mandorle tritate

8 once/1 1/3 tazze/225 g di zucchero a velo (da pasticcere), setacciato

225 g/8 oz/1 tazza di zucchero a velo (superfino)

2 uova, leggermente sbattute

10 ml/2 cucchiaini di succo di limone

Qualche goccia di essenza di mandorla (estratto)

Sbattere insieme le mandorle e gli zuccheri. Incorporare gradualmente il resto degli ingredienti fino ad ottenere una pasta liscia. Avvolgere nella pellicola trasparente (pellicola) e conservare in frigorifero prima dell'uso.

Marzapane senza zucchero

Copre la parte superiore e i lati di una torta da 6"/15 cm

100 g/4 oz/1 tazza di mandorle tritate

50 g/2 oz/½ tazza di fruttosio

25 g/1 oz/¼ di tazza di farina di mais (amido di mais)

1 uovo, leggermente sbattuto

Impastare tutti gli ingredienti fino ad ottenere una pasta liscia. Avvolgere nella pellicola trasparente (pellicola) e conservare in frigorifero prima dell'uso.

Glassa reale

Copre la parte superiore e i lati di una torta da 8"/20 cm
5ml/1 cucchiaino di succo di limone

2 albumi d'uovo

22/3 tazze/1 libbra/450 g di zucchero a velo (da pasticcere), setacciato

5 ml/1 cucchiaino di glicerina (facoltativo)

Unire il succo di limone e gli albumi e sbattere gradualmente lo zucchero a velo fino a quando la glassa (glassa) è liscia e bianca e ricopre il dorso di un cucchiaio. Qualche goccia di glicerina eviterà che la glassa diventi troppo fragile. Coprite con un canovaccio umido e lasciate riposare per 20 minuti per permettere a eventuali bolle d'aria di salire in superficie.

La glassa di questa consistenza può essere versata sulla torta e lisciata con un coltello immerso in acqua calda. Per le tubazioni, aggiungere lo zucchero a velo aggiuntivo in modo che la glassa sia abbastanza rigida da trattenere i picchi.

glassa senza zucchero

Fa abbastanza per coprire una torta da 6"/15 cm

50 g/2 oz/½ tazza di fruttosio

Un pizzico di sale

1 albume d'uovo

2,5 ml/½ cucchiaino di succo di limone

Frullare la polvere di fruttosio in un robot da cucina fino a quando non diventa fine come lo zucchero a velo. Mescolare il sale. Trasferire in una ciotola resistente al calore e incorporare l'albume e il succo di limone. Metti la ciotola sopra una pentola di acqua bollente e continua a sbattere fino a formare dei picchi rigidi. Togliere dal fuoco e frullare fino a quando non si raffredda.

Glassa fondente

Fa abbastanza per coprire una torta da 8"/20 cm

450 g/1 libbra/2 tazze di zucchero semolato (superfino) o zucchero semolato

150 ml/¼ pt/2/3 tazza di acqua

15 ml/1 cucchiaio di glucosio liquido o 2,5 ml/½ cucchiaino di cremor tartaro

Sciogliere lo zucchero nell'acqua in una pentola capiente dal fondo pesante a fuoco basso. Pulire i lati della padella con un pennello immerso in acqua fredda per evitare la formazione di cristalli. Sciogliere il cremor tartaro in poca acqua, poi mantecare in padella. Portare a ebollizione e far bollire costantemente fino a 115°C/242°F quando una goccia di glassa forma una palla morbida quando viene fatta cadere in acqua fredda. Versare lentamente lo sciroppo in una ciotola resistente al calore e lasciare fino a quando non si forma una pellicola. Sbattere la glassa con un cucchiaio di legno finché non diventa opaca e soda. Impastare fino a che liscio. Riscaldare in una ciotola resistente al calore sopra una pentola di acqua calda per ammorbidire, se necessario,

Glassa alla crema di burro

Fa abbastanza per riempire e coprire una torta da 8"/20 cm

100 g/4 once/½ tazza di burro o margarina, ammorbidito

8 once/11/3 tazze/225 g di zucchero a velo (dolciumi), setacciato

30 ml/2 cucchiai di latte

Sbattere il burro o la margarina fino a renderli morbidi. Incorporare gradualmente lo zucchero a velo e il latte fino a quando non saranno ben amalgamati.

Glassa al cioccolato

Fa abbastanza per riempire e coprire una torta da 8"/20 cm

30 ml/2 cucchiai di cacao in polvere (cioccolato non zuccherato)

15 ml/1 cucchiaio di acqua bollente

100 g/4 once/½ tazza di burro o margarina, ammorbidito

8 once/11/3 tazze/225 g di zucchero a velo (da pasticcere), setacciato

15 ml/1 cucchiaio di latte

Mescolare la pasta di cacao con l'acqua bollente, quindi lasciar raffreddare. Sbattere il burro o la margarina fino a renderli morbidi. Incorporare gradualmente lo zucchero a velo, il latte e la miscela di cacao fino a quando non saranno ben amalgamati.

Glassa al burro al cioccolato bianco

Fa abbastanza per riempire e coprire una torta da 8"/20 cm

100g/4oz/1 tazza di cioccolato bianco

100 g/4 once/½ tazza di burro o margarina, ammorbidito

8 once/11/3 tazze/225 g di zucchero a velo (da pasticcere), setacciato

15 ml/1 cucchiaio di latte

Sciogliere il cioccolato in una ciotola resistente al calore posta sopra una pentola di acqua leggermente bollente, quindi lasciare raffreddare leggermente. Sbattere il burro o la margarina fino a renderli morbidi. Mescolare gradualmente lo zucchero a velo, il latte e il cioccolato fino a quando non saranno ben amalgamati.

Glassa al burro al caffè

Fa abbastanza per riempire e coprire una torta da 8"/20 cm

100 g/4 once/½ tazza di burro o margarina, ammorbidito

8 once/11/3 tazze/225 g di zucchero a velo (dolciumi), setacciato

15 ml/1 cucchiaio di latte

15 ml/1 cucchiaio di essenza di caffè (estratto)

Sbattere il burro o la margarina fino a renderli morbidi. Mescolare gradualmente lo zucchero a velo, il latte e l'essenza di caffè fino a quando non saranno ben amalgamati.

Glassa al burro al limone

Fa abbastanza per riempire e coprire una torta da 8"/20 cm

100 g/4 once/½ tazza di burro o margarina, ammorbidito

8 once/11/3 tazze/225 g di zucchero a velo (dolciumi), setacciato

30 ml/2 cucchiai di succo di limone

scorza grattugiata di 1 limone

Sbattere il burro o la margarina fino a renderli morbidi. Mescolare gradualmente lo zucchero a velo, il succo di limone e la scorza fino a quando non saranno ben amalgamati.

Glassa al burro all'arancia

Fa abbastanza per riempire e coprire una torta da 8"/20 cm

100 g/4 once/½ tazza di burro o margarina, ammorbidito

8 once/11/3 tazze/225 g di zucchero a velo (dolciumi), setacciato

30 ml/2 cucchiai di succo d'arancia

scorza grattugiata di 1 arancia

Sbattere il burro o la margarina fino a renderli morbidi. Mescolare gradualmente lo zucchero a velo, il succo d'arancia e la scorza fino a quando non saranno ben amalgamati.

Glassa al formaggio

Fa abbastanza per coprire una torta da 9"/25 cm

75 g/3 once/1/3 di tazza di formaggio cremoso

30 ml/2 cucchiai di burro o margarina

2 tazze/12 once/350 g di zucchero a velo (dolciumi), setacciato

5 ml/1 cucchiaino di essenza di vaniglia (estratto)

Sbattere il formaggio e il burro o la margarina insieme fino a renderli leggeri e soffici. Aggiungere gradualmente lo zucchero a velo e l'essenza di vaniglia fino ad ottenere una glassa liscia e cremosa.

Glassa all'arancia

Fa abbastanza per coprire una torta da 9"/25 cm

250 g di zucchero a velo (a velo), setacciato

30ml/2 cucchiai di burro o margarina, ammorbiditi

Qualche goccia di essenza di mandorla (estratto)

60 ml/4 cucchiai di succo d'arancia

Mettete lo zucchero a velo in una ciotola e incorporatevi il burro o la margarina e l'essenza di mandorla. Incorporare gradualmente abbastanza succo d'arancia per fare una glassa dura.

Glassa al liquore all'arancia

Fa abbastanza per coprire una torta da 8"/20 cm

100 g/4 once/½ tazza di burro o margarina, ammorbidito

22/3 tazze/1 libbra/450 g di zucchero a velo (da pasticcere), setacciato

60 ml/4 cucchiai di liquore all'arancia

15 ml / 1 cucchiaio di scorza d'arancia grattugiata

Sbattere insieme il burro o la margarina e lo zucchero fino a ottenere un composto chiaro e spumoso. Mescolare abbastanza liquore all'arancia per ottenere una consistenza spalmabile, quindi aggiungere la scorza d'arancia.

Anello di focaccina al miele

Crea un anello di 20 cm/8 pollici

Per l'impasto:
100 g/4 once/½ tazza di burro o margarina

350 g/12 oz/3 tazze di farina autolievitante (autolievitante)

Un pizzico di sale

1 uovo

150 ml/¼ pt/2/3 tazza di latte

Per il ripieno:
100 g/4 once/½ tazza di burro o margarina, ammorbidito

60 ml/4 cucchiai di miele chiaro

15 ml / 1 cucchiaio di zucchero demerara

Per preparare la pastella, strofinare il burro o la margarina nella farina e nel sale fino a quando il composto non assomiglia al pangrattato. Sbatti insieme l'uovo e il latte, quindi aggiungi abbastanza miscela di farina per ottenere un impasto morbido. Stendere su una superficie leggermente infarinata in un quadrato di 12 pollici/30 cm.

Per fare il ripieno, montare a crema il burro o la margarina e il miele. Mettere da parte 15 ml/1 cucchiaio di composto e distribuire il resto sull'impasto. Arrotolare come un rotolo svizzero (di gelatina), quindi tagliarlo in otto fette. Disporre le fette in una tortiera imburrata da 20 cm, sette lungo il bordo e una al centro. Spalmare con la miscela di miele riservata e cospargere di zucchero. Cuocere gli scone in forno preriscaldato a 190°C/termostato 5 per 30 minuti fino a doratura. Lasciare raffreddare in padella per 10 minuti prima di sformare su una gratella per completare il raffreddamento.

muesli Scones

Fa 8 spicchi

100 g/4 once/1 tazza di muesli

150 ml/¼ pt/2/3 tazza di acqua

2 oz/¼ di tazza/50 g di burro o margarina

100 g/4 oz/1 tazza di farina normale (per tutti gli usi) o integrale (integrale)

10 ml / 2 cucchiaini di lievito in polvere

50 g/2 once/1/3 di tazza di uvetta

1 uovo sbattuto

Immergere il muesli in acqua per 30 minuti. Strofinare il burro o la margarina nella farina e nel lievito fino a ottenere un composto simile al pangrattato, quindi incorporare l'uvetta e il muesli ammollato e mescolare fino a formare un impasto morbido. Formare un tondo da 8 pollici / 20 cm e appiattirlo su una teglia unta. Tagliare parzialmente in otto sezioni e spennellare con l'uovo sbattuto. Cuocere in forno preriscaldato a 230°C/termostato 8 per circa 20 minuti fino a doratura.

Scones all'uvetta all'arancia

Dai 12

2 oz/¼ di tazza/50 g di burro o margarina

225 g/8 once/2 tazze di farina semplice (per tutti gli usi)

2,5 ml/½ cucchiaino di bicarbonato di sodio (bicarbonato di sodio)

100 g/4 once/2/3 tazze di uvetta

5 ml/1 cucchiaino di scorza d'arancia grattugiata

60 ml/4 cucchiai di succo d'arancia

60 ml/4 cucchiai di latte

Congelare il latte

Strofina il burro o la margarina nella farina e nel bicarbonato di sodio, quindi aggiungi l'uvetta e la scorza d'arancia. Mescolare il succo d'arancia e il latte per ottenere un impasto morbido. Stendere su una spianatoia leggermente infarinata ad uno spessore di circa 2,5 cm e tagliare a rondelle con un coppapasta. Adagiare gli scones (biscotti) su una teglia unta e spennellare la superficie con il latte. Cuocere in forno preriscaldato a 200°C/400°F/termostato 6 per 15 minuti fino a leggera doratura.

Focaccine Di Pere

Dai 12

2 oz/¼ di tazza/50 g di burro o margarina

225 g/8 oz/2 tazze di farina autolievitante (autolievitante)

25 g/1 oz/2 cucchiai di zucchero a velo (superfino)

1 pera soda, sbucciata, priva di torsolo e tritata

150 ml/¼ pt/2/3 tazza di yogurt bianco

30 ml/2 cucchiai di latte

Strofina il burro o la margarina nella farina. Incorporare lo zucchero e la pera, quindi incorporare lo yogurt fino ad ottenere una pasta morbida, aggiungendo un po' di latte se necessario. Stendere su una spianatoia leggermente infarinata ad uno spessore di circa 2,5 cm e tagliare a rondelle con un coppapasta. Disponete gli scones (biscotti) su una teglia unta e cuocete in forno preriscaldato a 230°C/termostato 8 per 10-15 minuti fino a quando saranno ben gonfi e dorati.

Focaccine Di Patate

Dai 12

2 oz/¼ di tazza/50 g di burro o margarina

225 g/8 oz/2 tazze di farina autolievitante (autolievitante)

Un pizzico di sale

175 g/6 once/¾ tazza di purè di patate cotte

60 ml/4 cucchiai di latte

Strofinare il burro o la margarina nella farina e nel sale. Mescolare in purè di patate e latte quanto basta per fare un impasto morbido. Stendere su una spianatoia leggermente infarinata ad uno spessore di circa 2,5 cm e tagliare a rondelle con un coppapasta. Disporre gli scones (biscotti) su una teglia leggermente unta e cuocere in forno preriscaldato a 200°C/400°F/termostato 6 per 15-20 minuti fino a leggera doratura.

Scones all'uvetta

Dai 12

75 g/3 once/½ tazza di uvetta

225 g/8 once/2 tazze di farina semplice (per tutti gli usi)

2,5 ml/½ cucchiaino di sale

15 ml / 1 cucchiaio di lievito in polvere

25 g/1 oz/2 cucchiai di zucchero a velo (superfino)

2 oz/¼ di tazza/50 g di burro o margarina

120 ml/4 fl oz/½ tazza di panna liquida (leggera)

1 uovo sbattuto

Mettete a bagno l'uvetta in acqua calda per 30 minuti, quindi scolatela. Unire gli ingredienti secchi, quindi incorporare il burro o la margarina. Incorporare la panna e l'uovo fino ad ottenere un impasto morbido. Dividere in tre palline, quindi stendere a circa 1 cm di spessore e adagiarle su una teglia unta. Tagliare ciascuno in quarti. Cuocere gli scones (biscotti) in forno preriscaldato a 230°C/termostato 8 per circa 10 minuti fino a doratura.

Focaccine Di Melassa

Dai 10

225 g/8 once/2 tazze di farina semplice (per tutti gli usi)

10 ml / 2 cucchiaini di lievito in polvere

2,5 ml/½ cucchiaino di cannella in polvere

2 oz/50 g/¼ di tazza di burro o margarina, a dadini

25 g/1 oz/2 cucchiai di zucchero a velo (superfino)

30 ml/2 cucchiai di melassa di coccio nero (melassa)

150 ml/¼ pt/2/3 tazza di latte

Mescolare la farina, il lievito e la cannella. Strofinare il burro o la margarina, quindi aggiungere lo zucchero, la melassa e abbastanza latte per ottenere un impasto morbido. Stendere a uno spessore di 1 cm/½ pollice e tagliare a rondelle di 5 cm/2 pollici con un tagliabiscotti. Disponete gli scones (biscotti) su una teglia imburrata e cuocete in forno preriscaldato a 220°C/termostato 7 per 10-15 minuti fino a quando saranno ben gonfi e dorati.

Focaccine allo zenzero e melassa

Dai 12

400 g/14 oz/3½ tazze di farina semplice (per tutti gli usi)

50 g/2 oz/½ tazza di farina di riso

5 ml/1 cucchiaino di bicarbonato di sodio (bicarbonato di sodio)

2,5 ml/½ cucchiaino di cremor tartaro

10 ml/2 cucchiaini di zenzero macinato

2,5 ml/½ cucchiaino di sale

10 ml/2 cucchiaini di zucchero a velo (surfin)

2 oz/¼ di tazza/50 g di burro o margarina

30 ml/2 cucchiai di melassa di coccio nero (melassa)

300 ml/½ pt/1¼ di tazza di latte

Mescolare gli ingredienti secchi. Strofinare nel burro o nella margarina fino a quando la miscela assomiglia al pangrattato. Mescolare la melassa e abbastanza latte per ottenere un impasto morbido ma non appiccicoso. Impastare delicatamente su un piano leggermente infarinato, stendere e tagliare a rondelle con un tagliabiscotti da 7,5 cm. Disporre gli scones (biscotti) su una teglia unta (biscotto) e spennellare con il latte rimanente. Cuocete in forno preriscaldato a 220°C/termostato 7 per 15 minuti fino a quando saranno gonfi e dorati.

Focaccine Sultana

Dai 12

225 g/8 once/2 tazze di farina semplice (per tutti gli usi)

Un pizzico di sale

2,5 ml/½ cucchiaino di bicarbonato di sodio (bicarbonato di sodio)

2,5 ml/½ cucchiaino di cremor tartaro

2 oz/¼ di tazza/50 g di burro o margarina

25 g/1 oz/2 cucchiai di zucchero a velo (superfino)

50 g/2 once/1/3 di tazza di uvetta (uvetta dorata)

7,5 ml/½ cucchiaio di succo di limone

150 ml/¼ pt/2/3 tazza di latte

Unire farina, sale, bicarbonato di sodio e cremor tartaro. Strofinare nel burro o nella margarina fino a quando la miscela assomiglia al pangrattato. Mescolare lo zucchero e l'uvetta. Mescolare il succo di limone nel latte e incorporare gradualmente gli ingredienti secchi fino a formare un impasto morbido. Impastare leggermente, quindi stendere a uno spessore di circa ½"/1 cm e tagliare a rondelle di 2"/5 cm con un tagliabiscotti. Disporre gli scones (biscotti) su una teglia unta e cuocere in forno preriscaldato a 230°C/450°F/termostato 8 per circa 10 minuti fino a quando saranno ben gonfi e dorati.

Focaccine integrali alla melassa

Dai 12

100 g / 4 once / 1 tazza di farina integrale (integrale).

100 g/4 oz/1 tazza di farina semplice (per tutti gli usi)

25 g/1 oz/2 cucchiai di zucchero a velo (superfino)

2,5 ml/½ cucchiaino di cremor tartaro

2,5 ml/½ cucchiaino di bicarbonato di sodio (bicarbonato di sodio)

5 ml/1 cucchiaino. cucchiaino di miscela di spezie (torta di mele)

2 oz/¼ di tazza/50 g di burro o margarina

30 ml/2 cucchiai di melassa di coccio nero (melassa)

100 ml/3½ fl oz/6½ cucchiai di latte

Unire gli ingredienti secchi, quindi incorporare il burro o la margarina. Riscaldare la melassa, quindi mescolarla agli ingredienti con abbastanza latte per fare una pasta morbida. Stendere su una superficie leggermente infarinata a uno spessore di ½ pollice/1 cm e tagliare a rondelle con un tagliabiscotti. Disporre gli scones (biscotti) su una teglia imburrata e infarinata e spennellare con il latte. Cuocere in forno preriscaldato a 190°C/termostato 5 per 20 minuti.

Focaccine allo yogurt

Dai 12

200 g/7 oz/1¾ tazza di farina semplice (per tutti gli usi)

25 g/1 oz/¼ di tazza di farina di riso

10 ml / 2 cucchiaini di lievito in polvere

Un pizzico di sale

15 ml / 1 cucchiaio di zucchero semolato (surfin)

2 oz/¼ di tazza/50 g di burro o margarina

150 ml/¼ pt/2/3 tazza di yogurt bianco

Mescolare le farine, il lievito, il sale e lo zucchero. Strofinare nel burro o nella margarina fino a quando la miscela assomiglia al pangrattato. Incorporate lo yogurt fino ad ottenere un impasto morbido ma non appiccicoso. Stendere su una spianatoia infarinata a uno spessore di circa 2 cm e tagliare a rondelle di 5 cm con un tagliabiscotti. Adagiare su una teglia unta e cuocere in forno preriscaldato a 200°C/400°F/termostato 6 per circa 15 minuti fino a quando saranno ben gonfi e dorati.

focaccine al formaggio

Dai 12

225 g/8 once/2 tazze di farina semplice (per tutti gli usi)

2,5 ml/½ cucchiaino di sale

15 ml / 1 cucchiaio di lievito in polvere

2 oz/¼ di tazza/50 g di burro o margarina

100 g/4 once/1 tazza di formaggio cheddar, grattugiato

150 ml/¼ pt/2/3 tazza di latte

Mescolare insieme farina, sale e lievito. Strofinare nel burro o nella margarina fino a quando la miscela assomiglia al pangrattato. Mescolare il formaggio. Aggiungere gradualmente il latte fino ad ottenere un impasto morbido. Impastare leggermente, quindi stendere a uno spessore di circa ½"/1 cm e tagliare a rondelle di 2"/5 cm con un tagliabiscotti. Adagiare gli scones (biscotti) su una teglia unta e cuocere in forno preriscaldato a 220°C/425°F/termostato 7 per 12-15 minuti fino a quando saranno ben gonfi e dorati in superficie. Servire caldo o freddo.

Focaccine integrali alle erbe

Dai 12

100 g/4 once/½ tazza di burro o margarina

175 g/6 once/1¼ di tazza di farina integrale (integrale).

50 g/2 oz/½ tazza di farina semplice (per tutti gli usi)

10 ml / 2 cucchiaini di lievito in polvere

30 ml/2 cucchiai di salvia fresca o timo tritati

150 ml/¼ pt/2/3 tazza di latte

Strofina il burro o la margarina nelle farine e nel lievito finché il composto non assomiglia al pangrattato. Mescolare le erbe e abbastanza latte per ottenere un impasto morbido. Impastare leggermente, quindi stendere a uno spessore di circa ½"/1 cm e tagliare in rondelle di 2"/5 cm con un tagliabiscotti. Adagiare gli scones (biscotti) su una teglia unta e spennellare la superficie con il latte. Cuocete in forno preriscaldato a 220°C/termostato 7 per 10 minuti fino a quando saranno gonfi e dorati.

Focaccine salame e formaggio

Per 4 persone

2 oz/¼ di tazza/50 g di burro o margarina

225 g/8 oz/2 tazze di farina autolievitante (autolievitante)

Un pizzico di sale

2 oz/50 g di salame, tritato

75 g di formaggio cheddar, grattugiato

75 ml/5 cucchiai di latte

Strofina il burro o la margarina nella farina e nel sale finché il composto non assomiglia al pangrattato. Unire il salame e il formaggio, poi unire il latte e impastare fino ad ottenere un impasto morbido. Formare un tondo di 20 cm e appiattirlo leggermente. Disporre gli scones (biscotti) su una teglia unta e cuocere in forno preriscaldato a 220°C/termostato 7 per 15 minuti fino a doratura.

focaccine intere

Dai 12

175 g/6 oz/1½ tazza di farina integrale (integrale).

50 g/2 oz/½ tazza di farina semplice (per tutti gli usi)

15 ml / 1 cucchiaio di lievito in polvere

Un pizzico di sale

2 oz/¼ di tazza/50 g di burro o margarina

50 g/2 oz/¼ di tazza di zucchero semolato (superfino)

150 ml/¼ pt/2/3 tazza di latte

Mescolare insieme le farine, il lievito e il sale. Strofinare nel burro o nella margarina fino a quando la miscela assomiglia al pangrattato. Mescolare lo zucchero. Aggiungere il latte poco alla volta fino ad ottenere un impasto morbido. Impastare leggermente, quindi stendere a uno spessore di circa ½"/1 cm e tagliare a rondelle di 2"/5 cm con un tagliabiscotti. Disponete gli scones (biscotti) su una teglia imburrata e cuocete in forno preriscaldato a 230°C/termostato 8 per circa 15 minuti fino a quando saranno gonfi e dorati. Servire caldo.

Conkie delle Barbados

Dai 12

350 g/12 once di zucca grattugiata

225 g di patate dolci, grattugiate

1 cocco grattugiato grande o 225 g 2 tazze di cocco essiccato (tritato)

350 g/12 oz/1½ tazza di zucchero di canna dolce

5 ml/1 cucchiaino. spezie miste macinate (torta di mele)

5 ml/1 cucchiaino di noce moscata grattugiata

5ml/1 cucchiaino di sale

5ml/1 cucchiaino di essenza di mandorla (estratto)

100 g/4 once/2/3 tazze di uvetta

350 g/12 oz/3 tazze di farina di mais

100 g/4 oz/1 tazza di farina autolievitante (autolievitante).

6 once/¾ di tazza/175 g di burro o margarina, sciolti

300 ml/½ pt/1¼ di tazza di latte

Unisci zucca, patata dolce e cocco. Incorporare lo zucchero, le spezie, il sale e l'essenza di mandorla. Aggiungere l'uvetta, la farina di mais e la farina e mescolare bene. Mescolare il burro fuso o la margarina con il latte e incorporare gli ingredienti secchi fino a quando non saranno ben amalgamati. Versare circa 4 cucchiai/60 ml di composto in un quadrato di foglio di alluminio, facendo attenzione a non riempirlo eccessivamente. Piega la pellicola in un fascio in modo che sia ben avvolta e che nessuna miscela rimanga scoperta. Ripeti con il resto del composto. Cuocere a vapore i conkies su una griglia sopra una pentola di acqua bollente per circa 1 ora fino a quando non sono sodi e cotti. Servire caldo o freddo.

Biscotti di Natale fritti

Dai 40

2 oz/¼ di tazza/50 g di burro o margarina

100 g/4 oz/1 tazza di farina semplice (per tutti gli usi)

2,5 ml/½ cucchiaino di cardamomo macinato

25 g/1 oz/2 cucchiai di zucchero a velo (superfino)

15 ml/1 cucchiaio di panna

5 ml/1 cucchiaino di cognac

1 uovo piccolo, sbattuto

Olio per friggere

Zucchero a velo (dolciumi) per spolverare

Strofina il burro o la margarina nella farina e nel cardamomo finché il composto non assomiglia al pangrattato. Mescolare lo zucchero, quindi aggiungere la panna e il brandy e l'uovo quanto basta per ottenere un composto abbastanza denso. Coprire e raffreddare per 1 ora.

Stendere su una superficie leggermente infarinata a uno spessore di ¼"/5 mm e tagliare in strisce di 4" x 1"/10 x 2,5 cm utilizzando un tagliabiscotti. Taglia una fessura al centro di ogni striscia con un coltello affilato. Tirare un'estremità della striscia attraverso la fessura per formare un mezzo arco. Friggere i biscotti (biscotti) in lotti in olio caldo per circa 4 minuti fino a dorati e gonfi. Scolateli su carta assorbente (carta assorbente) e serviteli spolverizzati di zucchero a velo.

Torte di farina di mais

Dai 12

100 g/4 oz/1 tazza di farina autolievitante (autolievitante).

100 g/4 once/1 tazza di farina di mais

5 ml/1 cucchiaino di lievito in polvere

15 g/½ oz/1 cucchiaio di zucchero a velo (superfino)

2 uova

375 ml/13 oz/1½ tazza di latte

60 ml/4 cucchiai di olio

Olio per friggere

Mescolare gli ingredienti secchi e fare un buco al centro. Sbattere insieme le uova, il latte e l'olio misurato, quindi incorporare gli ingredienti secchi. Scaldare un filo d'olio in una padella capiente (padella) e saltare (soffriggere) 60 ml/4 cucchiai di pastella fino a quando non compaiono delle bolle in cima. Capovolgere e dorare dall'altra parte. Togliere dalla padella e tenere in caldo mentre si continua con il resto della pastella. Servire caldo.

Focaccine

Dai 8

15 g/½ oz di lievito fresco o 20 ml/4 cucchiaini di lievito secco

5 ml/1 cucchiaino di zucchero a velo (surfin)

300 ml/½ pt/1¼ di tazza di latte

1 uovo

2¼ tazze/9 once/250 g di farina semplice (per tutti gli usi)

5ml/1 cucchiaino di sale

Olio per ungere

Mescolare il lievito e lo zucchero con un po' di latte fino ad ottenere una pasta, quindi incorporare il resto del latte e l'uovo. Mescolare il liquido nella farina e nel sale e mescolare per formare una pastella densa e cremosa. Coprire e lasciare in un luogo caldo per 30 minuti fino a raddoppiare le dimensioni. Scaldare una piastra o una padella pesante (padella) e ungerla leggermente. Posizionare 7,5 cm/3 di cerchi di pasta sulla plancha. (Se non hai cerchi da forno, taglia con cura la parte superiore e inferiore di una piccola padella.) Versa le tazze del composto nei cerchi e cuoci per circa 5 minuti fino a quando la parte inferiore diventa marrone dorato e la parte superiore snocciolata. Ripeti con il resto del composto. Servire alla griglia.

Ciambelle

Dà 16

300 ml/½ pt/1¼ di tazza di latte caldo

15 ml/1 cucchiaio di lievito secco

175 g/6 oz/¾ tazza di zucchero a velo (superfino)

450 g/1 lb/4 tazze di farina semplice forte (pane)

5ml/1 cucchiaino di sale

2 oz/¼ di tazza/50 g di burro o margarina

1 uovo sbattuto

Olio per friggere

5 ml/1 cucchiaino di cannella in polvere

Mescolare il latte caldo, il lievito, 5 ml/1 cucchiaino di zucchero e 100 g/4 once/1 tazza di farina. Lasciare in un luogo caldo per 20 minuti fino a ottenere una schiuma. Unisci la farina rimanente, 2 once / 50 g / ¼ di tazza di zucchero e sale in una ciotola e aggiungi il burro o la margarina fino a quando il composto non assomiglia al pangrattato. Aggiungere il composto di uova e lievito e impastare bene fino a che liscio. Coprire e lasciare in un luogo caldo per 1 ora. Impastare nuovamente e stendere a uno spessore di 2 cm. Ritagliare dei dischi con un tagliabiscotti da 8 cm e ritagliare i centri con un tagliabiscotti da 4 cm.

Mettere su una teglia unta (biscotto) e lasciare lievitare per 20 minuti. Scaldare l'olio fino a quasi fumare, quindi friggere le ciambelle poche alla volta per qualche minuto fino a doratura. Scolare bene. Metti lo zucchero e la cannella rimanenti in un sacchetto e scuoti le ciambelle nel sacchetto finché non sono ben ricoperte.

Frittelle di patate

Dai 24

15 ml/1 cucchiaio di lievito secco

60 ml/4 cucchiai di acqua tiepida

25 g/1 oz/2 cucchiai di zucchero a velo (superfino)

25 g/1 oz/2 cucchiai di strutto (accorciamento)

1,5 ml/¼ di cucchiaino di sale

75 g/3 once/1/3 di tazza di purè di patate

1 uovo sbattuto

120 ml/4 fl oz/½ tazza di latte, bollito

300 g/10 oz/2½ tazze di farina forte (pane)

Olio per friggere

Zucchero semolato per spolverare

Sciogliere il lievito in acqua tiepida con un cucchiaino di zucchero e farlo schiumare. Unire lo strutto, lo zucchero rimasto e il sale. Mescolare la patata, la miscela di lievito, l'uovo e il latte, quindi incorporare gradualmente la farina e mescolare fino a che liscio. Sformare su una superficie infarinata e impastare bene. Mettere in una ciotola unta, coprire con pellicola trasparente (pellicola) e lasciare in un luogo caldo per circa 1 ora fino al raddoppio.

Impastare ancora, quindi stendere a uno spessore di 1 cm. Ritaglia gli anelli con un tagliabiscotti da 8 cm, quindi ritaglia i centri con un tagliabiscotti da 4 cm per fare le ciambelle. Far lievitare fino al raddoppio. Scaldare l'olio e friggere le ciambelle fino a doratura. Cospargete di zucchero e lasciate raffreddare.

Pane naan

Dai 6

2,5 ml/½ cucchiaino di lievito secco

60 ml/4 cucchiai di acqua tiepida

350 g/12 oz/3 tazze di farina semplice (per tutti gli usi)

10 ml / 2 cucchiaini di lievito in polvere

Un pizzico di sale

150 ml/¼ pt/2/3 tazza di yogurt bianco

Burro fuso per spennellare

Mescolare lievito e acqua tiepida e lasciare in un luogo caldo per 10 minuti fino a ottenere una schiuma. Mescolare il composto di lievito nella farina, il lievito e il sale, quindi lavorare nello yogurt per formare un impasto morbido. Impastare fino a quando non si attacca più. Mettere in una ciotola oliata, coprire e lasciare lievitare per 8 ore.

Dividi l'impasto in sei pezzi e stendilo in ovali spessi circa ¼ di pollice / 5 mm. Mettere su una teglia unta (biscotto) e spennellare con burro fuso. Grigliare (grigliare) sotto una griglia media (griglia da carne) per circa 5 minuti fino a quando non diventa leggermente gonfio, quindi capovolgere e spennellare l'altro lato con il burro e cuocere alla griglia per altri 3 minuti fino a quando non diventa leggermente dorato.

Bannock di farina d'avena

Dai 4

100 g/4 oz/1 tazza di farina d'avena media

2,5 ml/½ cucchiaino di sale

Un pizzico di bicarbonato di sodio (bicarbonato di sodio)

10 ml / 2 cucchiaini di olio

60 ml/4 cucchiaini di acqua calda

Mescolare gli ingredienti secchi in una ciotola e fare un buco al centro. Mescolare l'olio e l'acqua a sufficienza per ottenere un impasto sodo. Sformare su una superficie leggermente infarinata e impastare fino a che liscio. Stendere a uno spessore di circa 5 mm, piegare i bordi, quindi tagliare a spicchi. Riscalda una piastra o una padella dal fondo pesante (pentola) e friggi (soffriggi) i bannocks per circa 20 minuti fino a quando gli angoli iniziano ad arricciarsi. Girare e cuocere l'altro lato per 6 minuti.

luccio

Dai 8

10 ml/2 cucchiaini di lievito fresco o 5 ml/1 cucchiaino di lievito secco

5 ml/1 cucchiaino di zucchero a velo (surfin)

300 ml/½ pt/1¼ di tazza di latte

1 uovo

225 g/8 once/2 tazze di farina semplice (per tutti gli usi)

5ml/1 cucchiaino di sale

Olio per ungere

Mescolare il lievito e lo zucchero con un po' di latte fino ad ottenere una pasta, quindi incorporare il resto del latte e l'uovo. Mescolare il liquido nella farina e nel sale e mescolare in una pasta fine. Coprire e lasciare in un luogo caldo per 30 minuti fino a raddoppiare le dimensioni. Scaldare una piastra o una padella pesante (padella) e ungerla leggermente. Versare tazze di composto sulla piastra e cuocere per circa 3 minuti fino a quando la parte inferiore diventa marrone dorato, quindi capovolgere e cuocere per circa 2 minuti sull'altro lato. Ripeti con il resto del composto.

Focaccine facili da far cadere

Dai 15

100 g/4 oz/1 tazza di farina autolievitante (autolievitante).

Un pizzico di sale

15 ml / 1 cucchiaio di zucchero semolato (surfin)

1 uovo

150 ml/¼ pt/2/3 tazza di latte

Olio per ungere

Mescolare la farina, il sale e lo zucchero e fare un buco al centro. Immergere l'uovo e incorporare gradualmente l'uovo e il latte fino ad ottenere una pasta liscia. Scaldare una padella capiente (padella) e ungerla leggermente. Quando è caldo, versa nella padella cucchiaiate di pastella in modo da formare dei cerchi. Cuocere per circa 3 minuti fino a quando gli scones (biscotti) sono gonfi e dorati sul lato inferiore, quindi capovolgere e dorare l'altro lato. Servire caldo o tiepido.

Scones d'acero

Dai 30

200g/7oz/1¾ tazze di farina autolievitante (autolievitante)

25 g/1 oz/¼ di tazza di farina di riso

10 ml / 2 cucchiaini di lievito in polvere

25 g/1 oz/2 cucchiai di zucchero a velo (superfino)

Un pizzico di sale

15 ml/1 cucchiaio di sciroppo d'acero

1 uovo sbattuto

200 ml/7 oz/appena 1 tazza di latte

Olio di semi di girasole

2 oz/¼ di tazza/50 g di burro o margarina, ammorbidito

15 ml / 1 cucchiaio di noci tritate finemente

Mescolare le farine, il lievito, lo zucchero e il sale e fare una fontana al centro. Aggiungere lo sciroppo d'acero, l'uovo e metà del latte e sbattere fino a che liscio. Mescolare il resto del latte per fare una pasta densa. Scaldare un filo d'olio in una padella (pentola), quindi versare l'eccesso. Versare cucchiai di pastella nella padella e saltare (sauté) fino a quando il fondo diventa marrone dorato. Girare e friggere gli altri lati. Togliere dalla padella e tenere in caldo mentre si friggono le rimanenti focaccine (biscotti). Schiacciare il burro o la margarina con le noci e guarnire gli scones caldi con il burro aromatizzato per servire.

Focaccine Alla Griglia

Dai 12

225 g/8 once/2 tazze di farina semplice (per tutti gli usi)

5 ml/1 cucchiaino di bicarbonato di sodio (bicarbonato di sodio)

10 ml/2 cucchiaini di cremor tartaro

2,5 ml/½ cucchiaino di sale

25 g/1 oz/2 cucchiai di strutto (accorciamento) o burro

25 g/1 oz/2 cucchiai di zucchero a velo (superfino)

150 ml/¼ pt/2/3 tazza di latte

Olio per ungere

Unire farina, bicarbonato di sodio, cremor tartaro e sale. Strofinare lo strutto o il burro, quindi incorporare lo zucchero. Aggiungere il latte poco alla volta fino ad ottenere un impasto morbido. Tagliare l'impasto a metà, impastare e modellare ciascuno in un disco piatto spesso circa 1 cm. Taglia ogni cerchio in sei. Scaldare una piastra o una padella capiente (pentola) e leggermente olio. Quando è caldo, adagiare gli scones (biscotti) nella padella e cuocere per circa 5 minuti fino a doratura sul lato inferiore, quindi capovolgere e cuocere dall'altro lato. Lascia raffreddare sulla griglia.

focaccine al formaggio

Dai 12

25 g/1 oz/2 cucchiai di burro o margarina, ammorbiditi

100 g/4 once/½ tazza di ricotta

5 ml/1 cucchiaino di erba cipollina fresca tritata

2 uova sbattute

1½ oz/40 g/1/3 di tazza di farina semplice (per tutti gli usi)

15 g/½ oz/2 cucchiai di farina di riso

5 ml/1 cucchiaino di lievito in polvere

15 ml/1 cucchiaio di latte

Olio per ungere

Sbattere insieme tutti gli ingredienti tranne l'olio per ottenere una pasta densa. Scaldare un filo d'olio in una padella (padella), quindi scolare l'eccesso. Friggere (sauté) cucchiai di composto fino a quando la parte inferiore è dorata. Capovolgi gli scones (biscotti) e friggi l'altro lato. Togliere dalla padella e tenere al caldo mentre si friggono gli scones rimanenti

Speciali pancake scozzesi

Dai 12

100 g/4 oz/1 tazza di farina semplice (per tutti gli usi)

10 ml/2 cucchiaini di zucchero a velo (surfin)

5ml/1 cucchiaino di cremor tartaro

2,5 ml/½ cucchiaino di sale

2,5 ml/½ cucchiaino di bicarbonato di sodio (bicarbonato di sodio)

1 uovo

5 ml/1 cucchiaino di sciroppo d'oro (mais chiaro)

120 ml/4 fl oz/½ tazza di latte caldo

Olio per ungere

Mescolare gli ingredienti secchi e fare un buco al centro. Sbattete l'uovo con lo sciroppo e il latte e mescolate con il composto di farina fino ad ottenere una pastella molto densa. Coprire e lasciare riposare per circa 15 minuti fino a quando il composto bolle. Riscaldare una piastra larga o una padella dal fondo spesso (pentola) e ungerla leggermente. Versare piccole cucchiaiate di pastella sulla piastra e cuocere un lato per circa 3 minuti fino a quando la parte inferiore diventa marrone dorato, quindi capovolgere e cuocere l'altro lato per circa 2 minuti. Avvolgi i pancake in un canovaccio caldo (torchon) mentre cuoci il resto della pastella. Servire freddo e imburrato, grigliato o fritto (soffritto).

Frittelle scozzesi con frutta

Dai 12

100 g/4 oz/1 tazza di farina semplice (per tutti gli usi)

10 ml/2 cucchiaini di zucchero a velo (surfin)

5ml/1 cucchiaino di cremor tartaro

2,5 ml/½ cucchiaino di sale

2,5 ml/½ cucchiaino di bicarbonato di sodio (bicarbonato di sodio)

100 g/4 once/2/3 tazze di uvetta

1 uovo

5 ml/1 cucchiaino di sciroppo d'oro (mais chiaro)

120 ml/4 fl oz/½ tazza di latte caldo

Olio per ungere

Unire gli ingredienti secchi e l'uvetta e fare un buco al centro. Sbattete l'uovo con lo sciroppo e il latte e mescolate con il composto di farina fino ad ottenere una pastella molto densa. Coprire e lasciare riposare per circa 15 minuti fino a quando il composto bolle. Riscaldare una piastra larga o una padella dal fondo spesso (pentola) e ungerla leggermente. Versare piccole cucchiaiate di pastella sulla piastra e cuocere un lato per circa 3 minuti fino a quando la parte inferiore diventa marrone dorato, quindi capovolgere e cuocere l'altro lato per circa 2 minuti. Avvolgi i pancake in un canovaccio caldo (torchon) mentre cucini il resto. Servire freddo e imburrato, grigliato o fritto (soffritto).

Pancake all'arancia scozzese

Dai 12

100 g/4 oz/1 tazza di farina semplice (per tutti gli usi)

10 ml/2 cucchiaini di zucchero a velo (surfin)

5ml/1 cucchiaino di cremor tartaro

2,5 ml/½ cucchiaino di sale

2,5 ml/½ cucchiaino di bicarbonato di sodio (bicarbonato di sodio)

10 ml/2 cucchiaini di scorza d'arancia grattugiata

1 uovo

5 ml/1 cucchiaino di sciroppo d'oro (mais chiaro)

120 ml/4 fl oz/½ tazza di latte caldo

Qualche goccia di essenza di arancia (estratto)

Olio per ungere

Mescolare gli ingredienti secchi e la scorza d'arancia e fare un buco al centro. Sbattere l'uovo con lo sciroppo, il latte e l'essenza di arancia e mescolare con il composto di farina fino a formare una pastella molto densa. Coprire e lasciare riposare per circa 15 minuti fino a quando il composto bolle. Riscaldare una piastra larga o una padella dal fondo spesso (pentola) e ungerla leggermente. Versare piccole cucchiaiate di pastella sulla piastra e cuocere un lato per circa 3 minuti fino a quando la parte inferiore diventa marrone dorato, quindi capovolgere e cuocere l'altro lato per circa 2 minuti. Avvolgi i pancake in un canovaccio caldo (torchon) mentre cucini il resto. Servire freddo e imburrato, grigliato o fritto (soffritto).

Hinny che canta

Dai 12

225 g/8 once/2 tazze di farina semplice (per tutti gli usi)

2,5 ml/½ cucchiaino di sale

2,5 ml/½ cucchiaino di lievito in polvere

50 g/2 oz/¼ di tazza di strutto (accorciamento)

2 oz/¼ di tazza/50 g di burro o margarina

100 g/4 once/2/3 tazze di ribes

120 ml/4 oz/½ tazza di latte

Olio per ungere

Unire gli ingredienti secchi, quindi aggiungere lo strutto e il burro o la margarina fino a quando il composto non assomiglia al pangrattato. Mescolare il ribes e fare un pozzo al centro. Mescolare abbastanza latte per fare un impasto sodo. Stendere su una spianatoia leggermente infarinata ad uno spessore di circa 1 cm e bucherellare la superficie con una forchetta. Scaldare una piastra o una padella dal fondo spesso (pentola) e ungerla leggermente. Cuocere la torta per circa 5 minuti fino a quando la parte inferiore diventa marrone dorato, quindi capovolgere e cuocere l'altro lato per circa 4 minuti. Servire spaccato e imburrato.

torte gallesi

Per 4 persone

225 g/8 once/2 tazze di farina semplice (per tutti gli usi)

5 ml/1 cucchiaino di lievito in polvere

2,5 ml/½ cucchiaino. spezie miste macinate (torta di mele)

2 oz/¼ di tazza/50 g di burro o margarina

50 g/2 oz/¼ di tazza di strutto (accorciamento)

75 g/3 oz/1/3 di tazza di zucchero a velo (superfino)

50 g/2 oz/1/3 di tazza di ribes

1 uovo sbattuto

30–45 ml/2–3 cucchiai di latte

Unire la farina, il lievito e il mix di spezie in una ciotola. Strofinare il burro o la margarina e lo strutto fino a quando il composto non assomiglia al pangrattato. Mescolare lo zucchero e il ribes. Mescolare l'uovo e il latte quanto basta per ottenere un impasto sodo. Stendere su una spianatoia infarinata a uno spessore di 5 mm e tagliare a rondelle di 7,5 cm. Cuocere su una teglia unta per circa 4 minuti su ciascun lato fino a doratura.

Pancake gallesi

Dai 12

175 g/6 once/1½ tazza di farina semplice (per tutti gli usi)

2,5 ml/½ cucchiaino di cremor tartaro

2,5 ml/½ cucchiaino di bicarbonato di sodio (bicarbonato di sodio)

50 g/2 oz/¼ di tazza di zucchero semolato (superfino)

25 g/1 oz/2 cucchiai di burro o margarina

1 uovo sbattuto

120 ml/4 oz/½ tazza di latte

2,5 ml/½ cucchiaino di aceto

Olio per ungere

Mescolare gli ingredienti secchi e incorporare lo zucchero. Strofinare il burro o la margarina e fare un buco al centro. Mescolare l'uovo e il latte quanto basta per formare una pastella fine. Mescolare l'aceto. Scaldare una piastra o una padella dal fondo spesso (pentola) e ungerla leggermente. Versare grandi cucchiaiate di pastella nella padella e saltare (sauté) per circa 3 minuti fino a quando la parte inferiore diventa dorata. Girare e cuocere l'altro lato per circa 2 minuti. Servire caldo e imburrato.

Pane di mais speziato messicano

Fa 8 rotoli

225 g/8 oz/2 tazze di farina autolievitante (autolievitante)

5 ml/1 cucchiaino di peperoncino in polvere

2,5 ml/½ cucchiaino di bicarbonato di sodio (bicarbonato di sodio)

200 g/7 oz/1 barattolo piccolo crema di mais dolce (mais)

15 ml/1 cucchiaio di pasta di curry

8 fl oz/1 tazza di yogurt bianco

Olio per friggere

Unire farina, peperoncino in polvere e bicarbonato di sodio. Aggiungere il resto degli ingredienti tranne l'olio e impastare fino ad ottenere un impasto morbido. Sformare su una superficie leggermente infarinata e impastare delicatamente fino a che liscio. Tagliare in otto pezzi e picchiettare ciascuno in un giro di 5 pollici/13 cm. Scaldare l'olio in una padella dal fondo pesante (padella) e rosolare (soffriggere) i pani di mais per 2 minuti su ciascun lato fino a doratura e leggermente gonfia.

Focaccia svedese

Dai 4

225 g/8 oz/2 tazze di farina integrale (integrale).

225 g/8 once/2 tazze di farina di segale o orzo

5ml/1 cucchiaino di sale

Circa 250 ml/8 fl oz/1 tazza di acqua tiepida

Olio per ungere

Mescolare le farine e il sale in una ciotola, quindi lavorare gradualmente nell'acqua fino ad ottenere un impasto sodo. Potresti aver bisogno di un po' più o meno acqua, a seconda della farina che stai usando. Sbattere bene fino a quando il composto non si stacca dalle pareti della ciotola, quindi rovesciare su un piano di lavoro leggermente infarinato e impastare per 5 minuti. Dividi l'impasto in quattro e stendilo sottilmente in 8 cerchi di 20 cm. Scaldare una piastra o una padella capiente (pentola) e ungerla leggermente. Friggere (sauté) uno o due pani alla volta per circa 15 minuti su ciascun lato fino a doratura.

Pane di segale e mais al vapore

Fa una pagnotta da 9"/23 cm

175 g/6 once/1½ tazza di farina di segale

175 g/6 oz/1½ tazza di farina integrale (integrale).

100 g/4 once/1 tazza di fiocchi d'avena

10 ml/2 cucchiaini di bicarbonato di sodio (bicarbonato di sodio)

5ml/1 cucchiaino di sale

450 ml/¾ pt/2 tazze di latte

175 g/6 oz/½ tazza di melassa di coccio nero (melassa)

10 ml/2 cucchiaini di succo di limone

Unire le farine, l'avena, il bicarbonato e il sale. Riscaldare il latte, la melassa e il succo di limone finché non sono tiepidi, quindi incorporare gli ingredienti secchi. Versare in una ciotola da budino unta da 9 pollici/23 cm e coprire con un foglio di alluminio increspato. Mettere in una grande casseruola e riempire con acqua calda sufficiente per arrivare a metà dei lati della padella. Coprire e far bollire per 3 ore, eventualmente aggiungendo acqua bollente. Lasciare riposare per una notte prima di servire.

Pane di mais al vapore

Produce due pagnotte da 1 libbra/450 g

175 g/6 once/1½ tazza di farina semplice (per tutti gli usi)

225 g/8 once/2 tazze di farina di mais

15 ml / 1 cucchiaio di lievito in polvere

Un pizzico di sale

3 uova

45 ml/3 cucchiai di olio

150 ml/¼ pt/2/3 tazza di latte

300 g/11 oz di mais dolce in scatola (mais), scolato e schiacciato

Unire la farina, la farina di mais, il lievito e il sale. Sbattere insieme le uova, l'olio e il latte, quindi incorporare gli ingredienti secchi insieme al mais dolce. Versare in due padelle unte da 450 g/1 libbra e metterle in una grande casseruola riempita con acqua bollente sufficiente a raggiungere la metà dei lati delle padelle. Coprire e cuocere a fuoco lento per 2 ore, aggiungendo acqua bollente se necessario. Lasciare raffreddare in padelle prima di sformare e affettare.

Chapati completi

Dai 12

225 g/8 oz/2 tazze di farina integrale (integrale).

5ml/1 cucchiaino di sale

150 ml/¼ pt/2/3 tazza di acqua

Mescolare la farina e il sale in una ciotola, quindi lavorare gradualmente nell'acqua fino ad ottenere un impasto sodo. Dividetelo in 12 e stendetelo sottilmente su un piano infarinato. Ungete una padella dal fondo pesante (pentola) o una piastra e saltate (sauté) alcuni chapati alla volta a fuoco medio fino a doratura sotto. Capovolgi e cuoci l'altro lato fino a quando non diventa leggermente dorato. Mantieni caldo il chapati mentre friggi il resto. Servire imburrato su un lato, se lo si desidera.

Puris completo

Dai 8

100 g / 4 once / 1 tazza di farina integrale (integrale).

100 g/4 oz/1 tazza di farina semplice (per tutti gli usi)

2,5 ml/½ cucchiaino di sale

25 g/1 oz/2 cucchiai di burro o margarina, sciolti

150 ml/¼ pt/2/3 tazza di acqua

Olio per friggere

Mescolare le farine e il sale e fare un buco al centro. Versare il burro o la margarina. Aggiungere gradualmente l'acqua, mescolando fino ad ottenere una pasta soda. Impastare per 5-10 minuti, quindi coprire con un canovaccio umido e lasciare riposare per 15 minuti.

Dividere l'impasto in otto e arrotolare ciascuno in un sottile giro di 13 cm. Scaldare l'olio in una padella larga e dal fondo pesante (sauté) e rosolare (sauté) i puri uno o due alla volta fino a renderli gonfi, croccanti e dorati. Scolare su carta assorbente (tovagliolo di carta).

Biscotti alle mandorle

Dai 24

100 g/4 once/½ tazza di burro o margarina, ammorbidito

50 g/2 oz/¼ di tazza di zucchero semolato (superfino)

100 g/4 oz/1 tazza di farina autolievitante (autolievitante).

25 g/1 oz/¼ di tazza di mandorle tritate

Qualche goccia di essenza di mandorla (estratto)

Sbattere insieme il burro o la margarina e lo zucchero fino a ottenere un composto leggero e spumoso. Lavorare la farina, le mandorle tritate e l'essenza di mandorla fino ad ottenere un composto compatto. Formate delle grosse palline delle dimensioni di una noce e mettetele da parte su una teglia unta, poi premete leggermente con una forchetta per appiattirle. Cuocere i biscotti in forno preriscaldato a 180°C/termostato 4 per 15 minuti fino a doratura.

Anelli di mandorla

Dai 30

100 g/4 oz/1 tazza di mandorle a scaglie (a scaglie)

100 g/4 once/½ tazza di burro o margarina

100 g/4 oz/½ tazza di zucchero a velo (superfino)

30 ml/2 cucchiai di latte

15–30 ml/1–2 cucchiai di farina (per tutti gli usi)

Mettere in una casseruola le mandorle, il burro o la margarina, lo zucchero e il latte con 15 ml/1 cucchiaio di farina. Riscaldare delicatamente, mescolando, fino a quando non si sarà amalgamato, aggiungendo la farina rimanente se necessario per tenere insieme il composto. Disponete su una teglia imburrata e infarinata a cucchiaiate ben distanziate e cuocete in forno preriscaldato a 180°C/termostato 4 per 8 minuti fino a leggera doratura. Lasciare raffreddare sulla teglia per circa 30 secondi, quindi modellarli in anelli attorno al manico di un cucchiaio di legno. Se diventano troppo freddi per modellarli, rimettili in forno per alcuni secondi per riscaldarli di nuovo prima di modellare il resto.

Anelli di mandorle

Dai 24

100 g/4 once/½ tazza di burro o margarina, ammorbidito

100 g/4 oz/½ tazza di zucchero a velo (superfino)

1 uovo, separato

225 g/8 once/2 tazze di farina semplice (per tutti gli usi)

5 ml/1 cucchiaino di lievito in polvere

5 ml/1 cucchiaino di scorza di limone grattugiata

50 g/2 oz/½ tazza di mandorle a scaglie (a scaglie)

Zucchero semolato (surfin) per spolverare

Sbattere insieme il burro o la margarina e lo zucchero fino a ottenere un composto leggero e spumoso. A poco a poco sbattere il tuorlo d'uovo, quindi incorporare la farina, il lievito e la scorza di limone, finendo con le mani fino a quando il composto non si amalgama. Stendere a uno spessore di ¼"/5 mm e tagliare in rondelle di 2¼"/6 cm con un tagliabiscotti, quindi ritagliare i centri con un tagliabiscotti da ¾"/2 cm. Disponete i biscotti ben distanziati su una teglia imburrata e bucherellateli con una forchetta. Cuocere in forno preriscaldato a 180°C/termostato 4 per 10 minuti. Spennellare con albume d'uovo, cospargere con mandorle e zucchero, quindi rimettere in forno per altri 5 minuti fino a doratura.

Cracker mediterranei alle mandorle

Dai 24

2 uova, separate

1 tazza/6 once/175 g di zucchero a velo (dolciumi), setacciato

10 ml / 2 cucchiaini di lievito in polvere

Scorza grattugiata di ½ limone

Qualche goccia di essenza di vaniglia (estratto)

400 g/14 oz/3½ tazze di mandorle tritate

Sbattere i tuorli e un albume con lo zucchero fino a ottenere un composto chiaro e spumoso. Aggiungere tutti gli altri ingredienti e impastare fino ad ottenere un impasto compatto. Arrotolare in palline delle dimensioni di una noce e posizionarle su una teglia unta (biscotto), premendo delicatamente per appiattirle. Cuocere in forno preriscaldato a 180°C/termostato 4 per 15 minuti fino a quando saranno dorate e croccanti in superficie.

Biscotti alle mandorle e cioccolato

Dai 24

2 oz/¼ di tazza/50 g di burro o margarina, ammorbidito

75 g/3 oz/1/3 di tazza di zucchero a velo (superfino)

1 uovo piccolo, sbattuto

100 g/4 oz/1 tazza di farina semplice (per tutti gli usi)

2,5 ml/½ cucchiaino di lievito in polvere

25 g/1 oz/¼ di tazza di mandorle tritate

25 g/1 oz/¼ di tazza di cioccolato fondente (semidolce), grattugiato

Sbattere insieme il burro o la margarina e lo zucchero fino a ottenere un composto leggero e spumoso. Incorporare poco alla volta l'uovo, quindi incorporare il resto degli ingredienti fino ad ottenere un impasto abbastanza sodo. Se il composto risultasse troppo umido, aggiungete ancora un po' di farina. Avvolgere nella pellicola trasparente (pellicola) e conservare in frigorifero per 30 minuti.

> Stendere l'impasto a forma di cilindro e tagliarlo a fette di mezzo centimetro. Disporre, ben distanziati, su una teglia imburrata e cuocere in forno preriscaldato a 190°C/termostato 5 per 10 minuti.

Biscotti alla frutta e noci Amish

Dai 24

100 g/4 once/½ tazza di burro o margarina, ammorbidito

175 g/6 oz/¾ tazza di zucchero a velo (superfino)

1 uovo

75 ml/5 cucchiai di latte

75 g/3 oz/¼ di tazza di melassa di coccio nero (melassa)

2¼ tazze/9 once/250 g di farina semplice (per tutti gli usi)

10 ml / 2 cucchiaini di lievito in polvere

15 ml/1 cucchiaio di cannella in polvere

10 ml/2 cucchiaini di bicarbonato di sodio (bicarbonato di sodio)

2,5 ml/½ cucchiaino di noce moscata grattugiata

50 g/2 oz/½ tazza di farina d'avena media

50 g/2 once/1/3 di tazza di uvetta

25 g/1 oz/¼ di tazza di noci miste tritate

Sbattere insieme il burro o la margarina e lo zucchero fino a ottenere un composto leggero e spumoso. Aggiungere gradualmente l'uovo, poi il latte e la melassa. Aggiungere il resto degli ingredienti e impastare fino ad ottenere un impasto sodo. Aggiungere un po' più di latte se il composto è troppo duro per lavorare, o un po' più di farina se è troppo appiccicoso; la consistenza varierà a seconda della farina utilizzata. Stendere l'impasto a uno spessore di circa 5 mm/¼ di pollice e ritagliare dei cerchi con un tagliabiscotti. Disporre su una teglia unta e cuocere in forno preriscaldato a 180°C/termostato 4 per 10 minuti fino a doratura.

Biscotti all'anice

Dà 16

175 g/6 oz/¾ tazza di zucchero a velo (superfino)

2 albumi d'uovo

1 uovo

100 g/4 oz/1 tazza di farina semplice (per tutti gli usi)

5 ml/1 cucchiaino di anice macinato

Sbattere lo zucchero, gli albumi e l'uovo insieme per 10 minuti. Incorporare gradualmente la farina e incorporare l'anice. Versare il composto in una tortiera da 450g/1lb e cuocere in forno preriscaldato a 180°C/termostato 4 per 35 minuti fino a quando uno stuzzicadenti inserito al centro non esce bene. Togliere dalla padella e tagliare a fette di ½ pollice/1 cm. Disporre i biscotti su un lato su una teglia unta e rimettere in forno per altri 10 minuti, girandoli a metà cottura.

Biscotti alla banana, farina d'avena e succo d'arancia

Dai 24

100 g/4 once/½ tazza di burro o margarina, ammorbidito

100 g di banane mature, schiacciate

120 ml/4 once/½ tazza di succo d'arancia

4 albumi d'uovo, leggermente sbattuti

10 ml/2 cucchiaini di essenza di vaniglia (estratto)

5 ml/1 cucchiaino di scorza d'arancia finemente grattugiata

225 g/8 once/2 tazze di fiocchi d'avena

225 g/8 once/2 tazze di farina semplice (per tutti gli usi)

5 ml/1 cucchiaino di bicarbonato di sodio (bicarbonato di sodio)

5 ml/1 cucchiaino di noce moscata grattugiata

Un pizzico di sale

Sbattere il burro o la margarina fino a renderli morbidi, quindi aggiungere le banane e il succo d'arancia. Unire gli albumi, l'essenza di vaniglia e la scorza d'arancia, quindi unire al composto di banana, seguito dagli altri ingredienti. Versare a cucchiaiate su teglie (biscotti) e cuocere in forno preriscaldato a 180°C/termostato 4 per 20 minuti fino a doratura.

Biscotti di base

Dai 40

100 g/4 once/½ tazza di burro o margarina, ammorbidito

100 g/4 oz/½ tazza di zucchero a velo (superfino)

1 uovo sbattuto

5 ml/1 cucchiaino di essenza di vaniglia (estratto)

225 g/8 once/2 tazze di farina semplice (per tutti gli usi)

Sbattere insieme il burro o la margarina e lo zucchero fino a ottenere un composto leggero e spumoso. Incorporare gradualmente l'uovo e l'essenza di vaniglia, quindi incorporare la farina e impastare fino a ottenere un impasto liscio. Arrotolare in una palla, avvolgere in Clingfim (pellicola) e conservare in frigorifero per 1 ora.

Stendere la pasta a uno spessore di 5 mm/¼ e ritagliare delle fette con un tagliabiscotti. Disporre su una teglia unta e cuocere in forno preriscaldato a 200°C/400°F/termostato 6 per 10 minuti fino a doratura. Lasciare raffreddare sulla teglia per 5 minuti prima di trasferirlo sulla gratella per completare il raffreddamento.

Biscotti croccanti alla crusca

Dà 16

100 g / 4 once / 1 tazza di farina integrale (integrale).

100 g/4 once/½ tazza di zucchero di canna dolce

25 g/1 oz/¼ di tazza di fiocchi d'avena

25 g/1 oz/½ tazza di crusca

5 ml/1 cucchiaino di bicarbonato di sodio (bicarbonato di sodio)

5 ml/1 cucchiaino di zenzero macinato

100 g/4 once/½ tazza di burro o margarina

15 ml/1 cucchiaio di sciroppo d'oro (mais light)

15 ml/1 cucchiaio di latte

Mescolare gli ingredienti secchi. Sciogliere il burro con lo sciroppo e il latte, quindi mescolare con gli ingredienti secchi fino ad ottenere una pasta dura. Mettere cucchiaiate di composto di biscotti (biscotti) su una teglia unta (biscotti) e cuocere in forno preriscaldato a 160°C/325°F/termostato 3 per 15 minuti fino a doratura.

Biscotti alla crusca di sesamo

Dai 12

225 g/8 oz/2 tazze di farina integrale (integrale).

5 ml/1 cucchiaino di lievito in polvere

25 g/1 oz/½ tazza di crusca

Un pizzico di sale

2 oz/¼ di tazza/50 g di burro o margarina

45 ml/3 cucchiai di zucchero di canna dolce

45 ml/3 cucchiai di uvetta (uvetta dorata)

1 uovo, leggermente sbattuto

120 ml/4 oz/½ tazza di latte

45 ml/3 cucchiai di semi di sesamo

Unire la farina, il lievito, la crusca e il sale, quindi aggiungere il burro o la margarina fino a quando il composto non assomiglia al pangrattato. Mescolare lo zucchero e l'uvetta, quindi incorporare l'uovo e il latte quanto basta per ottenere un impasto morbido ma non appiccicoso. Stendere a uno spessore di 1 cm/½ pollice e tagliare a rondelle con un tagliabiscotti. Mettere su una teglia unta, spennellare con il latte e cospargere di semi di sesamo. Cuocere in forno preriscaldato a 220°C/termostato 7 per 10 minuti fino a doratura.

Biscotti al brandy con cumino

Dai 30

25 g/1 oz/2 cucchiai di burro o margarina, ammorbiditi

75 g/3 once/1/3 di tazza di zucchero di canna dolce

½ uovo

10 ml/2 cucchiaini di cognac

175 g/6 once/1½ tazza di farina semplice (per tutti gli usi)

10 ml/2 cucchiaini di semi di cumino

5 ml/1 cucchiaino di lievito in polvere

Un pizzico di sale

Sbattere insieme il burro o la margarina e lo zucchero fino a ottenere un composto leggero e spumoso. Aggiungere gradualmente l'uovo e il brandy, quindi aggiungere il resto degli ingredienti e mescolare fino a formare un impasto sodo. Avvolgere nella pellicola trasparente (pellicola) e conservare in frigorifero per 30 minuti.

Stendere l'impasto su una superficie leggermente infarinata a uno spessore di circa 3 mm/1/8 di pollice e tagliare a rondelle con un tagliabiscotti. Disponete i biscotti su una teglia imburrata e cuocete in forno preriscaldato a 200°C/termostato 6 per 10 minuti.

Scatti di brandy

Dai 30

100 g/4 once/½ tazza di burro o margarina

100 g/4 oz/1/3 di tazza di sciroppo d'oro (mais leggero)

100 g di zucchero demerara

100 g/4 oz/1 tazza di farina semplice (per tutti gli usi)

5 ml/1 cucchiaino di zenzero macinato

5ml/1 cucchiaino di succo di limone

Sciogliere il burro o la margarina, lo sciroppo e lo zucchero in una casseruola. Lasciare raffreddare leggermente, quindi incorporare la farina e lo zenzero, quindi il succo di limone. Versare cucchiaini di composto a 10 cm di distanza su teglie unte e cuocere in forno preriscaldato a 180°C/termostato 4 per 8 minuti fino a doratura. Lasciare raffreddare per un minuto, quindi togliere dalla padella con una fetta e arrotolare attorno al manico unto di un cucchiaio di legno. Rimuovere il manico del cucchiaio e lasciare raffreddare su una gratella. Se gli snaps si induriscono troppo prima di modellarli, rimettili in forno per un minuto per scaldarli e ammorbidirli.

Biscotti al burro

Dai 24

100 g/4 once/½ tazza di burro o margarina, ammorbidito

50 g/2 oz/¼ di tazza di zucchero semolato (superfino)

scorza grattugiata di 1 limone

150 g/5 oz/1¼ tazze di farina autolievitante (autolievitante)

Sbattere insieme il burro o la margarina e lo zucchero fino a ottenere un composto leggero e spumoso. Lavorare la scorza di limone, quindi incorporare la farina fino ad ottenere un composto sodo. Formate delle grosse palline delle dimensioni di una noce e mettetele da parte su una teglia unta, poi premete leggermente con una forchetta per appiattirle. Cuocere i biscotti in forno preriscaldato a 180°C/termostato 4 per 15 minuti fino a doratura.

Biscotti al caramello

Dai 40

100 g/4 once/½ tazza di burro o margarina, ammorbidito

100 g/4 once/½ tazza di zucchero di canna scuro

1 uovo sbattuto

¼ di cucchiaino/1,5 ml di essenza di vaniglia (estratto)

225 g/8 once/2 tazze di farina semplice (per tutti gli usi)

7,5 ml / 1½ cucchiaino di lievito in polvere

Un pizzico di sale

Sbattere insieme il burro o la margarina e lo zucchero fino a ottenere un composto leggero e spumoso. Aggiungere gradualmente l'uovo e l'essenza di vaniglia. Aggiungere la farina, il lievito e il sale. Formare con l'impasto tre rotoli di circa 5 cm di diametro, avvolgere nella pellicola trasparente (pellicola) e mettere in frigorifero per 4 ore o tutta la notte.

Tagliare a fette spesse 1/8 di pollice/3 mm e posizionarle su teglie non unte. Cuocere i biscotti in forno preriscaldato a 190°C/termostato 5 per 10 minuti fino a leggera doratura.

Biscotti Al Caramello

Dai 30

2 oz/¼ di tazza/50 g di burro o margarina, ammorbidito

50 g/2 oz/¼ di tazza di strutto (accorciamento)

225 g/8 once/1 tazza di zucchero di canna dolce

1 uovo, leggermente sbattuto

175 g/6 once/1½ tazza di farina semplice (per tutti gli usi)

1,5 ml/¼ di cucchiaino di bicarbonato di sodio (bicarbonato di sodio)

¼ di cucchiaino/1,5 ml di cremor tartaro

Un pizzico di noce moscata grattugiata

10 ml / 2 cucchiaini di acqua

2,5 ml/½ cucchiaino di essenza di vaniglia (estratto)

Montare a crema il burro o la margarina, lo strutto e lo zucchero fino a ottenere un composto chiaro e spumoso. Aggiungere gradualmente l'uovo. Mescolare la farina, il bicarbonato di sodio, il cremor tartaro e la noce moscata, quindi aggiungere l'acqua e l'essenza di vaniglia e mescolare fino ad ottenere un impasto morbido. Arrotolare a forma di salsiccia, avvolgere nella pellicola trasparente (pellicola) e conservare in frigorifero per almeno 30 minuti, preferibilmente di più.

Tagliare l'impasto a fette di 1/2 cm e adagiarle su una teglia imburrata. Cuocere i biscotti in forno preriscaldato a 180°C/termostato 4 per 10 minuti fino a doratura.

Biscotti di carote e noci

Dà 48

175 g di burro o margarina, ammorbidito

100 g/4 once/½ tazza di zucchero di canna dolce

50 g/2 oz/¼ di tazza di zucchero semolato (superfino)

1 uovo, leggermente sbattuto

225 g/8 once/2 tazze di farina semplice (per tutti gli usi)

5 ml/1 cucchiaino di lievito in polvere

2,5 ml/½ cucchiaino di sale

100 g/4 once/½ tazza di purea di carote cotte

100 g/4 once/1 tazza di noci, tritate

Sbattere insieme il burro o la margarina e gli zuccheri fino a ottenere un composto leggero e spumoso. Incorporare poco alla volta l'uovo, quindi incorporare la farina, il lievito e il sale. Unire la purea di carote e noci. Mettetene a cucchiaiate su una teglia imburrata e cuocete in forno preriscaldato a 200°C/termostato 6 per 10 minuti.

Carote glassate all'arancia e biscotti alle noci

Dà 48

Per i cookie (cookie):

175 g di burro o margarina, ammorbidito

100 g/4 oz/½ tazza di zucchero a velo (superfino)

50 g/2 once/¼ di tazza di zucchero di canna dolce

1 uovo, leggermente sbattuto

225 g/8 once/2 tazze di farina semplice (per tutti gli usi)

5 ml/1 cucchiaino di lievito in polvere

2,5 ml/½ cucchiaino di sale

5 ml/1 cucchiaino di essenza di vaniglia (estratto)

100 g/4 once/½ tazza di purea di carote cotte

100 g/4 once/1 tazza di noci, tritate

Per la glassa (glassa):

1 tazza/6 once/175 g di zucchero a velo (dolciumi), setacciato

10 ml/2 cucchiaini di scorza d'arancia grattugiata

30 ml/2 cucchiai di succo d'arancia

Per fare i biscotti, montare il burro o la margarina e gli zuccheri insieme fino a renderli leggeri e spumosi. Incorporare poco alla volta l'uovo, quindi incorporare la farina, il lievito e il sale. Incorporare l'essenza di vaniglia, la purea di carote e le noci. Mettetene a cucchiaiate su una teglia imburrata e cuocete in forno preriscaldato a 200°C/termostato 6 per 10 minuti.

Per fare la glassa, mettete lo zucchero a velo in una ciotola, aggiungete la scorza d'arancia e fate un buco al centro. Aggiungere poco alla volta il succo d'arancia fino ad ottenere una glassa liscia ma abbastanza densa. Distribuire sui biscotti mentre è ancora caldo, quindi raffreddare e impostare.

Biscotti alla ciliegia

Dà 48

100 g/4 once/½ tazza di burro o margarina, ammorbidito

100 g/4 oz/½ tazza di zucchero a velo (superfino)

1 uovo sbattuto

5 ml/1 cucchiaino di essenza di vaniglia (estratto)

225 g/8 once/2 tazze di farina semplice (per tutti gli usi)

2 oz/50 g/¼ di tazza di ciliegie glassate (candite), tritate

Sbattere insieme il burro o la margarina e lo zucchero fino a ottenere un composto leggero e spumoso. Incorporare gradualmente l'uovo e l'essenza di vaniglia, quindi incorporare la farina e le ciliegie e impastare fino a ottenere un impasto liscio. Arrotolare in una palla, avvolgere in Clingfim (pellicola) e conservare in frigorifero per 1 ora.

Stendere la pasta a uno spessore di 5 mm/¼ e ritagliare delle fette con un tagliabiscotti. Disporre su una teglia unta e cuocere in forno preriscaldato a 200°C/400°F/termostato 6 per 10 minuti fino a doratura. Lasciare raffreddare sulla teglia per 5 minuti prima di trasferirlo sulla gratella per completare il raffreddamento.

Anelli di ciliegie e mandorle

Dai 24

100 g/4 once/½ tazza di burro o margarina, ammorbidito

100 g/4 once/½ tazza di zucchero a velo (superfino), più extra per spolverare

1 uovo, separato

225 g/8 once/2 tazze di farina semplice (per tutti gli usi)

5 ml/1 cucchiaino di lievito in polvere

5 ml/1 cucchiaino di scorza di limone grattugiata

60 ml/4 cucchiai di ciliegie candite

50 g/2 oz/½ tazza di mandorle a scaglie (a scaglie)

Sbattere insieme il burro o la margarina e lo zucchero fino a ottenere un composto leggero e spumoso. A poco a poco sbattere il tuorlo d'uovo, quindi incorporare la farina, il lievito, la scorza di limone e le ciliegie finendo con le mani fino a ottenere un composto omogeneo. Stendere a uno spessore di ¼"/5 mm e tagliare in rondelle di 2¼"/6 cm con un tagliabiscotti, quindi ritagliare i centri con un tagliabiscotti da ¾"/2 cm. Disponete i biscotti ben distanziati su una teglia imburrata e bucherellateli con una forchetta. Cuocere in forno preriscaldato a 180°C/termostato 4 per 10 minuti. Spennellare con l'albume e cospargere con mandorle e zucchero, quindi rimettere in forno per altri 5 minuti fino a doratura.

Biscotti al burro al cioccolato

Dai 24

100 g/4 once/½ tazza di burro o margarina

50 g/2 oz/¼ di tazza di zucchero semolato (superfino)

100 g/4 oz/1 tazza di farina autolievitante (autolievitante).

30 ml/2 cucchiai di cacao in polvere (cioccolato non zuccherato)

Sbattere insieme il burro o la margarina e lo zucchero fino a ottenere un composto leggero e spumoso. Lavorare la farina e il cacao fino ad ottenere un composto compatto. Formate delle grosse palline delle dimensioni di una noce e mettetele da parte su una teglia unta, poi premete leggermente con una forchetta per appiattirle. Cuocere i biscotti in forno preriscaldato a 180°C/termostato 4 per 15 minuti fino a doratura.

Panini al cioccolato e ciliegie

Dai 24

100 g/4 once/½ tazza di burro o margarina, ammorbidito

100 g/4 oz/½ tazza di zucchero a velo (superfino)

1 uovo

2,5 ml/½ cucchiaino di essenza di vaniglia (estratto)

225 g/8 once/2 tazze di farina semplice (per tutti gli usi)

5 ml/1 cucchiaino di lievito in polvere

Un pizzico di sale

25 g/1 oz/¼ di tazza di cacao in polvere (cioccolato non zuccherato)

25 g/1 oz/2 cucchiai di ciliegie glassate (candite), tritate

Sbattere insieme il burro e lo zucchero fino a ottenere un composto chiaro e spumoso. Aggiungere gradualmente l'uovo e l'essenza di vaniglia, quindi incorporare la farina, il lievito e il sale fino ad ottenere un impasto sodo. Dividete l'impasto a metà e mescolate il cacao in una metà e le ciliegie nell'altra metà. Avvolgere nella pellicola trasparente (pellicola) e conservare in frigorifero per 30 minuti.

Stendere ogni pezzo di pasta in un rettangolo di circa 3 mm di spessore, quindi adagiarli uno sopra l'altro e premere leggermente con il mattarello. Arrotolare sul lato più lungo e premere delicatamente. Tagliare a fette spesse 1/2 cm e disporle, ben distanziate, su una teglia imburrata. Cuocere in forno preriscaldato a 200°C/400°F/termostato 6 per 10 minuti.

Biscotti con gocce di cioccolato

Dai 24

75 g/3 once/1/3 di tazza di burro o margarina

175 g/6 once/1½ tazza di farina semplice (per tutti gli usi)

5 ml/1 cucchiaino di lievito in polvere

Un pizzico di bicarbonato di sodio (bicarbonato di sodio)

50 g/2 once/¼ di tazza di zucchero di canna dolce

45 ml/3 cucchiai di sciroppo d'oro (mais light)

100g/4oz/1 tazza di scaglie di cioccolato

Strofina il burro o la margarina nella farina, nel lievito e nel bicarbonato di sodio finché il composto non assomiglia al pangrattato. Mescolare lo zucchero, lo sciroppo e le gocce di cioccolato e mescolare per una pastella liscia. Formare delle palline e metterle su una teglia unta, premendo leggermente per appiattirle. Cuocere i biscotti in forno preriscaldato a 190°C/termostato 5 per 15 minuti fino a doratura.

Biscotti al cioccolato e banana

Dai 24

75 g/3 once/1/3 di tazza di burro o margarina

175 g/6 once/1½ tazza di farina semplice (per tutti gli usi)

5 ml/1 cucchiaino di lievito in polvere

2,5 ml/½ cucchiaino di bicarbonato di sodio (bicarbonato di sodio)

50 g/2 once/¼ di tazza di zucchero di canna dolce

45 ml/3 cucchiai di sciroppo d'oro (mais light)

50 g/2 once/½ tazza di gocce di cioccolato

2 oz/½ tazza/50 g di chips di banane secche, tritate grossolanamente

Strofina il burro o la margarina nella farina, nel lievito e nel bicarbonato di sodio finché il composto non assomiglia al pangrattato. Mescolare lo zucchero, lo sciroppo e le scaglie di cioccolato e banana e mescolare per lisciare la pastella. Formare delle palline e metterle su una teglia unta, premendo leggermente per appiattirle. Cuocere i biscotti in forno preriscaldato a 190°C/termostato 5 per 15 minuti fino a doratura.

Bocconcini di cioccolato e noci

Dai 24

2 oz/¼ di tazza/50 g di burro o margarina, ammorbidito

175 g/6 oz/¾ tazza di zucchero a velo (superfino)

1 uovo

5 ml/1 cucchiaino di essenza di vaniglia (estratto)

1 oz/¼ di tazza/25 g di cioccolato fondente (semidolce), fuso

100 g/4 oz/1 tazza di farina semplice (per tutti gli usi)

5 ml/1 cucchiaino di lievito in polvere

Un pizzico di sale

30 ml/2 cucchiai di latte

25 g/1 oz/¼ di tazza di noci miste tritate

Zucchero a velo (dolciumi), setacciato, per spolverare

Sbattere insieme il burro o la margarina e lo zucchero a velo fino a ottenere un composto chiaro e spumoso. Aggiungere gradualmente l'uovo e l'essenza di vaniglia, quindi aggiungere il cioccolato. Mescolare la farina, il lievito e il sale e aggiungere al composto alternando con il latte. Mescolare le noci, coprire e conservare in frigorifero per 3 ore.

Formate con il composto delle palline di 3 cm/1½ e passatele nello zucchero a velo. Adagiare su una teglia leggermente unta e cuocere in forno preriscaldato a 180°C/termostato 4 per 15 minuti fino a leggera doratura. Servire cosparso di zucchero a velo.

Biscotti americani con gocce di cioccolato

Dai 20

225 g/8 oz/1 tazza di strutto (accorciamento)

225 g/8 once/1 tazza di zucchero di canna dolce

100 g di zucchero semolato

5 ml/1 cucchiaino di essenza di vaniglia (estratto)

2 uova, leggermente sbattute

175 g/6 once/1½ tazza di farina semplice (per tutti gli usi)

5ml/1 cucchiaino di sale

5 ml/1 cucchiaino di bicarbonato di sodio (bicarbonato di sodio)

225 g/8 once/2 tazze di fiocchi d'avena

350 g/12 oz/3 tazze di gocce di cioccolato

Amalgamare lo strutto, gli zuccheri e l'essenza di vaniglia fino a ottenere un composto chiaro e spumoso. Aggiungere le uova poco alla volta. Mescolare la farina, il sale, il bicarbonato di sodio e l'avena, quindi incorporare le gocce di cioccolato. Adagiare cucchiaiate di composto su teglie imburrate e cuocere in forno preriscaldato a 180°C/termostato 4 per circa 10 minuti fino a doratura.

Creme al cioccolato

Dai 24

175 g di burro o margarina, ammorbidito

175 g/6 oz/¾ tazza di zucchero a velo (superfino)

225 g/8 oz/2 tazze di farina autolievitante (autolievitante)

75 g/3 oz/¾ tazza di cocco essiccato (grattugiato)

4 oz/100 g di cornflakes, tritati

25 g/1 oz/¼ di tazza di cacao in polvere (cioccolato non zuccherato)

60 ml/4 cucchiai di acqua bollente

100 g/4 oz/1 tazza di cioccolato fondente (semidolce)

Montare a crema il burro o la margarina e lo zucchero, quindi incorporare la farina, il cocco e i fiocchi di mais. Mescolare il cacao con l'acqua bollente, quindi incorporare al composto. Arrotolare in palline da 1 pollice/2,5 cm, adagiarle su una teglia unta e premere leggermente con una forchetta per appiattirle. Cuocere in forno preriscaldato a 180°C/termostato 4 per 15 minuti fino a doratura.

Sciogliere il cioccolato in una ciotola resistente al calore sopra una casseruola di acqua bollente. Distribuire sopra metà dei biscotti (biscotti) e premere sopra l'altra metà. Lasciate raffreddare.

Biscotti al cioccolato e nocciole

Dà 16

7 once/200 g/appena 1 tazza di burro o margarina, ammorbidito

50 g/2 oz/¼ di tazza di zucchero semolato (superfino)

100 g/4 once/½ tazza di zucchero di canna dolce

10 ml/2 cucchiaini di essenza di vaniglia (estratto)

1 uovo sbattuto

275 g/10 oz/2½ tazze di farina semplice (per tutti gli usi)

50 g/2 oz/½ tazza di cacao in polvere (cioccolato non zuccherato)

5 ml/1 cucchiaino di lievito in polvere

75 g/3 once/¾ tazza di nocciole

225 g/8 once/2 tazze di cioccolato bianco, tritato

Sbattere il burro o la margarina, gli zuccheri e l'essenza di vaniglia fino a ottenere un composto chiaro e spumoso, quindi incorporare l'uovo. Aggiungere la farina, il cacao e il lievito. Mescolare le noci e il cioccolato fino a quando il composto non si unisce. Formare 16 palline e distribuirle uniformemente su una teglia unta e foderata, quindi appiattirle leggermente con il dorso di un cucchiaio. Cuocere in forno preriscaldato a 160°C/325°F/termostato 3 per circa 15 minuti fino a quando sarà appena rappresa ma ancora leggermente morbida.

Biscotti al cioccolato e noce moscata

Dai 24

2 oz/¼ di tazza/50 g di burro o margarina, ammorbidito

100 g/4 oz/½ tazza di zucchero a velo (superfino)

15 ml/1 cucchiaio di cacao in polvere (cioccolato non zuccherato)

1 tuorlo d'uovo

2,5 ml/½ cucchiaino di essenza di vaniglia (estratto)

150 g/5 once/1¼ tazza di farina semplice (per tutti gli usi)

5 ml/1 cucchiaino di lievito in polvere

Un pizzico di noce moscata grattugiata

60 ml/4 cucchiai di panna acida (latticini)

Sbattere insieme il burro o la margarina e lo zucchero fino a ottenere un composto leggero e spumoso. Mescolare il cacao. Incorporare il tuorlo d'uovo e l'essenza di vaniglia, quindi incorporare la farina, il lievito e la noce moscata. Mescolare la panna fino a che liscio. Coprire e conservare in frigorifero.

Stendere la pasta a uno spessore di 5 mm e ritagliare con un tagliabiscotti da 5 cm. Disporre i biscotti (biscotti) su una teglia non unta e cuocere in forno preriscaldato a 200°C/400°F/termostato 6 per 10 minuti fino a doratura.

Biscotti al cioccolato

Dà 16

175 g di burro o margarina, ammorbidito

75 g/3 oz/1/3 di tazza di zucchero a velo (superfino)

175 g/6 once/1½ tazza di farina semplice (per tutti gli usi)

50 g/2 oz/½ tazza di riso macinato

75 g/3 oz/¾ tazza di gocce di cioccolato

100 g/4 oz/1 tazza di cioccolato fondente (semidolce)

Sbattere insieme il burro o la margarina e lo zucchero fino a ottenere un composto leggero e spumoso. Mescolare la farina e il riso macinato, quindi impastare le gocce di cioccolato. Premere in una teglia per rotoli svizzeri unta (padella per rotoli di gelatina) e bucherellare con una forchetta. Cuocere in forno preriscaldato a 160°C/termostato 3 per 30 minuti fino a doratura. Segna con le dita mentre è ancora caldo, quindi lascia raffreddare completamente.

Sciogliere il cioccolato in una ciotola resistente al calore sopra una casseruola di acqua bollente. Distribuire sopra i biscotti (biscotti) e lasciare raffreddare e impostare prima di tagliare le dita. Conservare in un contenitore ermetico.

Biscotti sandwich al caffè e cioccolato

Dai 40

Per i cookie (cookie):

175 g/6 once/¾ di tazza di burro o margarina

25 g/1 oz/2 cucchiai di strutto (accorciamento)

450 g/1 lb/4 tazze di farina semplice (per tutti gli usi)

Un pizzico di sale

100 g/4 once/½ tazza di zucchero di canna dolce

5 ml/1 cucchiaino di bicarbonato di sodio (bicarbonato di sodio)

60 ml/4 cucchiai di caffè nero forte

5 ml/1 cucchiaino di essenza di vaniglia (estratto)

100 g/4 oz/1/3 di tazza di sciroppo d'oro (mais leggero)

Per il ripieno:

10 ml/2 cucchiaini di caffè istantaneo in polvere

10 ml/2 cucchiaini di acqua bollente

50 g/2 oz/¼ di tazza di zucchero semolato (superfino)

25 g/1 oz/2 cucchiai di burro o margarina

15 ml/1 cucchiaio di latte

Per fare i biscotti, strofina il burro o la margarina e lo strutto nella farina e nel sale fino a quando il composto assomiglia al pangrattato, quindi aggiungi lo zucchero di canna. Mescolare il bicarbonato di sodio con un po' di caffè, quindi incorporare al composto con il restante caffè, l'essenza di vaniglia e lo sciroppo e mescolare fino ad ottenere una pasta liscia. Mettere in una ciotola leggermente oliata, coprire con pellicola trasparente (pellicola) e lasciare riposare per una notte.

Stendere l'impasto su una superficie leggermente infarinata a uno spessore di circa ½"/1 cm e tagliarlo in rettangoli di ¾" x 3"/2 x 7,5 cm. Segna ciascuno con una forchetta per creare un motivo increspato. Trasferire su una teglia unta e cuocere in forno preriscaldato a 200°C/400°F/termostato 6 per 10 minuti fino a doratura. Raffreddare su una gratella.

Per fare il ripieno, sciogliere la polvere di caffè in acqua bollente in un pentolino, quindi aggiungere il resto degli ingredienti e portare a ebollizione. Far bollire per 2 minuti, quindi togliere dal fuoco e sbattere fino a quando non si addensa e si raffredda. Coppie di biscotti sandwich con il ripieno.

biscotti di Natale

Dai 24

100 g/4 once/½ tazza di burro o margarina, ammorbidito

100 g/4 oz/½ tazza di zucchero a velo (superfino)

225 g/8 once/2 tazze di farina semplice (per tutti gli usi)

Un pizzico di sale

5 ml/1 cucchiaino di cannella in polvere

1 tuorlo d'uovo

10 ml/2 cucchiaini di acqua fredda

Qualche goccia di essenza di vaniglia (estratto)

Per la glassa (glassa):
8 once/11/3 tazze/225 g di zucchero a velo (da pasticcere), setacciato

30 ml/2 cucchiai di acqua

Colorante alimentare (facoltativo)

Sbattere insieme il burro e lo zucchero fino a ottenere un composto chiaro e spumoso. Mescolare la farina, il sale e la cannella, quindi incorporare il tuorlo d'uovo, l'acqua e l'essenza di vaniglia e mescolare fino a formare un impasto sodo. Avvolgere in Clingfim (involucro di plastica) e conservare in frigorifero per 30 minuti.

Stendere la pasta a uno spessore di ¼/5 mm e ritagliare le sagome natalizie con delle formine per biscotti o un coltello affilato. Pratica un foro nella parte superiore di ogni biscotto se vuoi appenderli a un albero. Posizionare le forme su una teglia imburrata e cuocere in forno preriscaldato a 200°C/termostato 6 per 10 minuti fino a doratura. Lasciate raffreddare.

Per fare la glassa, mescolare gradualmente l'acqua con lo zucchero a velo fino ad ottenere una glassa abbastanza densa. Colora piccole quantità di colori diversi, se lo desideri. Disegna i motivi sui biscotti, quindi lasciali solidificare. Infila un anello di nastro o filo attraverso il foro per appenderlo.

Biscotti al cocco

Dà 32

50 g/2 oz/3 cucchiai di sciroppo d'oro (mais chiaro)

2/3 di tazza/5 once/150 g di burro o margarina

100 g/4 oz/½ tazza di zucchero a velo (superfino)

100 g/4 oz/1 tazza di farina semplice (per tutti gli usi)

75 g/3 once/¾ tazza di fiocchi d'avena

50 g/2 oz/½ tazza di cocco essiccato (grattugiato)

10 ml/2 cucchiaini di bicarbonato di sodio (bicarbonato di sodio)

15 ml/1 cucchiaio di acqua calda

Sciogliere insieme lo sciroppo, il burro o la margarina e lo zucchero. Mescolare la farina, i fiocchi d'avena e il cocco grattugiato. Mescola il bicarbonato di sodio con l'acqua calda, quindi aggiungilo agli altri ingredienti. Lascia raffreddare leggermente il composto, quindi dividilo in 32 pezzi e arrotolali ciascuno in una palla. Appiattire i biscotti e posizionarli su fogli di biscotti unti. Cuocere in forno preriscaldato a 160°C/termostato 3 per 20 minuti fino a doratura.

Biscotti di mais con crema di frutta

Dai 12

150 g/5 once/1¼ di tazza di farina integrale (integrale).

150 g/5 once/1¼ tazza di farina di mais

10 ml / 2 cucchiaini di lievito in polvere

Un pizzico di sale

225 g/8 once/1 tazza di yogurt bianco

75 g/3 once/¼ di tazza di miele trasparente

2 uova

45 ml/3 cucchiai di olio

Per la crema di frutta:
2/3 di tazza/5 once/150 g di burro o margarina, ammorbidito

Succo di 1 limone

Qualche goccia di essenza di vaniglia (estratto)

30 ml/2 cucchiai di zucchero semolato (surfin)

225 g/8 once di fragole

Unire la farina, la farina di mais, il lievito e il sale. Aggiungere lo yogurt, il miele, le uova e l'olio e mescolare fino ad ottenere una pasta liscia. Stendere su una superficie leggermente infarinata ad uno spessore di circa ½ pollice/1 cm e tagliare a rondelle larghe. Adagiare su una teglia unta e cuocere in forno preriscaldato a 200°C/400°F/termostato 6 per 15 minuti fino a doratura.

Per fare la crema di frutta, mescolare il burro o la margarina, il succo di limone, l'essenza di vaniglia e lo zucchero. Mettere da parte qualche fragola per la decorazione, poi frullare il resto e passarlo al setaccio (colino) se si preferisce la crema senza semi (pietre). Mescolare nella miscela di burro, quindi conservare in frigorifero. Versare o condire una rosetta di crema su ogni biscotto prima di servire.

Biscotti della Cornovaglia

Dai 20

225 g/8 oz/2 tazze di farina autolievitante (autolievitante)

Un pizzico di sale

100 g/4 once/½ tazza di burro o margarina

2/3 di tazza/6 once/175 g di zucchero a velo (superfino)

1 uovo

Zucchero a velo (dolciumi), setacciato, per spolverare

Unisci la farina e il sale in una ciotola, quindi aggiungi il burro o la margarina fino a quando il composto non assomiglia al pangrattato. Mescolare lo zucchero. Incorporare l'uovo e impastare fino a ottenere un impasto morbido. Stendere sottilmente su una superficie leggermente infarinata, quindi tagliare a rondelle.

Disporre su una teglia unta e cuocere in forno preriscaldato a 200°C/400°F/termostato 6 per circa 10 minuti fino a doratura.

Biscotti Integrali Al Ribes

Dà 36

100 g/4 once/½ tazza di burro o margarina, ammorbidito

50 g di zucchero demerara

2 uova, separate

100 g/4 once/2/3 tazze di ribes

225 g/8 oz/2 tazze di farina integrale (integrale).

100 g/4 oz/1 tazza di farina semplice (per tutti gli usi)

5 ml/1 cucchiaino. spezie miste macinate (torta di mele)

¼ pt/2/3 tazza/150 ml di latte, più extra per spennellare

Sbattere insieme il burro o la margarina e lo zucchero fino a ottenere un composto leggero e spumoso. Sbattere i tuorli d'uovo, quindi incorporare i ribes. Unire le farine e le spezie miste e incorporarle al composto con il latte. Montate gli albumi a neve ben ferma, quindi incorporateli al composto fino a formare una pastella morbida. Stendere l'impasto su una superficie di lavoro leggermente infarinata, quindi ritagliarlo utilizzando un tagliabiscotti da 2 pollici/5 cm. Mettere su una teglia unta (biscotto) e spennellare con il latte. Cuocere in forno preriscaldato a 180°C/termostato 4 per 20 minuti fino a doratura.

Biscotti sandwich con datteri

Dai 30

8 once/1 tazza di burro o margarina, ammorbidito

450 g/1 lb/2 tazze di zucchero di canna dolce

225 g/8 once/2 tazze di fiocchi d'avena

225 g/8 once/2 tazze di farina semplice (per tutti gli usi)

2,5 ml/½ cucchiaino di bicarbonato di sodio (bicarbonato di sodio)

Un pizzico di sale

120 ml/4 oz/½ tazza di latte

225 g/8 once/2 tazze di datteri snocciolati (snocciolati), tritati molto finemente

250 ml/8 once/1 tazza di acqua

Sbattere insieme il burro o la margarina e metà dello zucchero fino a ottenere un composto chiaro e spumoso. Unire gli ingredienti secchi e unirli al composto cremoso, alternandoli con il latte, fino a formare un impasto sodo. Stendere su una tavola leggermente infarinata e tagliare a rondelle con un tagliabiscotti. Adagiate su una teglia unta e cuocete in forno preriscaldato a 180°C/termostato 4 per 10 minuti fino a doratura.

Mettere tutti gli altri ingredienti in una casseruola e portare a ebollizione. Ridurre il fuoco e cuocere a fuoco lento per 20 minuti fino a quando non si addensa, mescolando di tanto in tanto. Lasciate raffreddare. Riempite i biscotti con il ripieno.

Biscotti Digestivi (Graham Crackers)

Dai 24

175 g/6 oz/1½ tazza di farina integrale (integrale).

50 g/2 oz/½ tazza di farina semplice (per tutti gli usi)

50 g/2 oz/½ tazza di farina d'avena media

2,5 ml/½ cucchiaino di sale

5 ml/1 cucchiaino di lievito in polvere

100 g/4 once/½ tazza di burro o margarina

30 ml/2 cucchiai di zucchero di canna

60 ml/4 cucchiai di latte

Unire le farine, l'avena, il sale e il lievito, quindi incorporare il burro o la margarina e lo zucchero. Aggiungere gradualmente il latte e mescolare fino ad ottenere un impasto morbido. Impastare bene fino a quando non si attacca più. Stendere a uno spessore di ¼"/5 mm e tagliare in rondelle di 2"/5 cm utilizzando un tagliabiscotti. Disporre su una teglia imburrata e cuocere in forno preriscaldato a 180°C/termostato 4 per circa 15 minuti.

Biscotti pasquali

Dai 20

75 g/3 once/1/3 tazza di burro o margarina, ammorbidito

100 g/4 oz/½ tazza di zucchero a velo (superfino)

1 tuorlo d'uovo

150g/6oz/1½ tazza di farina autolievitante (autolievitante)

5 ml/1 cucchiaino. spezie miste macinate (torta di mele)

15 ml/1 cucchiaio di corteccia mista tritata (candita)

50 g/2 oz/1/3 di tazza di ribes

15 ml/1 cucchiaio di latte

Zucchero semolato (surfin) per spolverare

Montare a crema il burro o la margarina e lo zucchero. Sbattere il tuorlo d'uovo, quindi incorporare la farina e il mix di spezie. Mescolare la scorza e il ribes con abbastanza latte per fare un impasto duro. Stendere a uno spessore di circa ¼"/5 mm e tagliare in rondelle di 2"/5 cm utilizzando un tagliabiscotti. Disponete i biscotti su una teglia imburrata e bucherellateli con una forchetta. Cuocere in forno preriscaldato a 180°C/termostato 4 per circa 20 minuti fino a doratura. Cospargere di zucchero.

Fiorentine

Dai 40

100 g/4 once/½ tazza di burro o margarina

100 g/4 oz/½ tazza di zucchero a velo (superfino)

15 ml/1 cucchiaio di panna

100 g/4 once/1 tazza di noci miste tritate

75 g/3 oz/½ tazza di uvetta (uvetta dorata)

50 g di ciliegie glassate (candite)

Sciogliere il burro o la margarina, lo zucchero e la panna in una casseruola a fuoco basso. Togliere dal fuoco e aggiungere le noci, l'uvetta e le ciliegie candite. Versare a cucchiaini, ben distanziati, su teglie unte (biscotti) rivestite con carta di riso. Cuocere in forno preriscaldato a 180°C/termostato 4 per 10 minuti. Lasciare raffreddare su teglie per 5 minuti, quindi trasferire su una gratella per terminare il raffreddamento, tagliando la carta di riso in eccesso.

Fiorentini al cioccolato

Dai 40

100 g/4 once/½ tazza di burro o margarina

100 g/4 oz/½ tazza di zucchero a velo (superfino)

15 ml/1 cucchiaio di panna

100 g/4 once/1 tazza di noci miste tritate

75 g/3 oz/½ tazza di uvetta (uvetta dorata)

50 g di ciliegie glassate (candite)

100 g/4 oz/1 tazza di cioccolato fondente (semidolce)

Sciogliere il burro o la margarina, lo zucchero e la panna in una casseruola a fuoco basso. Togliere dal fuoco e aggiungere le noci, l'uvetta e le ciliegie candite. Versare a cucchiaini, ben distanziati, su teglie unte (biscotti) rivestite con carta di riso. Cuocere in forno preriscaldato a 180°C/termostato 4 per 10 minuti. Lasciare raffreddare su teglie per 5 minuti, quindi trasferire su una gratella per terminare il raffreddamento, tagliando la carta di riso in eccesso.

Sciogliere il cioccolato in una ciotola resistente al calore posta sopra una casseruola di acqua bollente. Distribuire sopra i biscotti (biscotti) e lasciare raffreddare e solidificare.

Fiorentine Deluxe al Cioccolato

Dai 40

100 g/4 once/½ tazza di burro o margarina

100 g/4 once/½ tazza di zucchero di canna dolce

15 ml/1 cucchiaio di panna

50 g di mandorle, tritate

50 g/2 once/¼ di tazza di nocciole, tritate

75 g/3 oz/½ tazza di uvetta (uvetta dorata)

50 g di ciliegie glassate (candite)

100 g/4 oz/1 tazza di cioccolato fondente (semidolce)

50 g/2 oz/½ tazza di cioccolato bianco

Sciogliere il burro o la margarina, lo zucchero e la panna in una casseruola a fuoco basso. Togliere dal fuoco e aggiungere le noci, l'uvetta e le ciliegie candite. Versare a cucchiaini, ben distanziati, su teglie unte (biscotti) rivestite con carta di riso. Cuocere in forno preriscaldato a 180°C/termostato 4 per 10 minuti. Lasciare raffreddare su teglie per 5 minuti, quindi trasferire su una gratella per terminare il raffreddamento, tagliando la carta di riso in eccesso.

Sciogliere il cioccolato fondente in una ciotola resistente al calore posta sopra una casseruola di acqua bollente. Distribuire sopra i biscotti (biscotti) e lasciare raffreddare e solidificare. Sciogli il cioccolato bianco in una ciotola pulita allo stesso modo, quindi cospargi le linee di cioccolato bianco sui biscotti in uno schema casuale.

Biscotti fondenti e noci

Dai 30

75 g/3 once/1/3 tazza di burro o margarina, ammorbidito

200 g / 7 once / appena 1 tazza di zucchero a velo (superfino)

1 uovo, leggermente sbattuto

100 g/4 once/½ tazza di ricotta

5 ml/1 cucchiaino di essenza di vaniglia (estratto)

150 g/5 once/1¼ tazza di farina semplice (per tutti gli usi)

25 g/1 oz/¼ di tazza di cacao in polvere (cioccolato non zuccherato)

2,5 ml/½ cucchiaino di lievito in polvere

1,5 ml/¼ di cucchiaino di bicarbonato di sodio (bicarbonato di sodio)

Un pizzico di sale

25 g/1 oz/¼ di tazza di noci miste tritate

25 g / 1 oz / 2 cucchiai di zucchero semolato

Sbattere insieme il burro o la margarina e lo zucchero a velo fino a ottenere un composto chiaro e spumoso. Aggiungere gradualmente l'uovo e la ricotta. Mescolare il resto degli ingredienti tranne lo zucchero semolato e mescolare fino a ottenere un impasto morbido. Avvolgere nella pellicola trasparente (pellicola) e conservare in frigorifero per 1 ora.

Formate con l'impasto delle palline grandi come noci e passatele nello zucchero semolato. Disporre i biscotti (biscotti) su una teglia unta e cuocere in forno preriscaldato a 180°C/termostato 4 per 10 minuti.

Biscotti glassati tedeschi

Dai 12

2 oz/¼ di tazza/50 g di burro o margarina

100 g/4 oz/1 tazza di farina semplice (per tutti gli usi)

25 g/1 oz/2 cucchiai di zucchero a velo (superfino)

60 ml/4 cucchiai di marmellata di more (negozio)

2/3 di tazza/4 once/100 g di zucchero a velo (dolciumi), setacciato

15 ml / 1 cucchiaio di succo di limone

Strofinare il burro nella farina fino a quando il composto non assomiglia al pangrattato. Mescolare lo zucchero e premere per formare una pasta. Stendere a uno spessore di 5 mm / ¼ di pollice e tagliare a rondelle usando un tagliabiscotti. Adagiate su una teglia unta e cuocete in forno preriscaldato a 180°C/termostato 6 per 10 minuti fino a freddo. Lasciate raffreddare.

Coppia di biscotti sandwich con marmellata. Mettete lo zucchero a velo in una ciotola e fate un buco al centro. Incorporare gradualmente il succo di limone per fare una glassa ghiacciata (glassa). Versare sopra i biscotti e lasciar solidificare.

Biscotti allo zenzero

Dai 24

10 once/300 g/1¼ tazza di burro o margarina, ammorbidito

225 g/8 once/1 tazza di zucchero di canna dolce

75 g/3 oz/¼ di tazza di melassa di coccio nero (melassa)

1 uovo

2¼ tazze/9 once/250 g di farina semplice (per tutti gli usi)

10 ml/2 cucchiaini di bicarbonato di sodio (bicarbonato di sodio)

2,5 ml/½ cucchiaino di sale

5 ml/1 cucchiaino di zenzero macinato

5ml/1 cucchiaino di chiodi di garofano macinati

5 ml/1 cucchiaino di cannella in polvere

50 g/2 once/¼ di tazza di zucchero semolato

Sbattere insieme il burro o la margarina, lo zucchero di canna, la melassa e l'uovo fino a ottenere un composto spumoso. Unire la farina, il bicarbonato di sodio, il sale e le spezie. Aggiungere al composto di burro e mescolare per formare un impasto compatto. Coprire e conservare in frigorifero per 1 ora.

Formate con l'impasto delle palline e passatele nello zucchero a velo. Mettere ben distanziati su una teglia unta e irrorare con un po' d'acqua. Cuocere in forno preriscaldato a 190°C/375°F/gas 5 per 12 minuti fino a doratura e croccante.

Biscotti allo zenzero

Dai 24

100 g/4 once/½ tazza di burro o margarina

225 g/8 oz/2 tazze di farina autolievitante (autolievitante)

5 ml/1 cucchiaino di bicarbonato di sodio (bicarbonato di sodio)

5 ml/1 cucchiaino di zenzero macinato

100 g/4 oz/½ tazza di zucchero a velo (superfino)

45 ml/3 cucchiai di sciroppo d'oro (mais chiaro), riscaldato

Strofina il burro o la margarina nella farina, nel bicarbonato di sodio e nello zenzero. Mescolare lo zucchero, quindi incorporare lo sciroppo e mescolare in una pasta dura. Formate delle palline della grandezza di una noce, disponetele ben distanziate su una teglia imburrata e schiacciatele leggermente con una forchetta per appiattirle. Cuocere i biscotti in forno preriscaldato a 190°C/termostato 5 per 10 minuti.

omino di pan di zenzero

Fa circa 16

350 g/12 oz/3 tazze di farina autolievitante (autolievitante)

Un pizzico di sale

10 ml/2 cucchiaini di zenzero macinato

100 g/4 oz/1/3 di tazza di sciroppo d'oro (mais leggero)

75 g/3 once/1/3 di tazza di burro o margarina

25 g/1 oz/2 cucchiai di zucchero a velo (superfino)

1 uovo, leggermente sbattuto

Qualche ribes (facoltativo)

Unire la farina, il sale e lo zenzero. Sciogliere lo sciroppo, il burro o la margarina e lo zucchero in una casseruola. Lasciar raffreddare leggermente, quindi incorporare gli ingredienti secchi con l'uovo e impastare fino a formare un impasto sodo. Stendere su una spianatoia leggermente infarinata a uno spessore di 5 mm e ritagliare con le formine sagomate. Il numero che puoi fare dipenderà dalle dimensioni dei tuoi tagliabiscotti. Mettere su una teglia leggermente unta (biscotti) e premere delicatamente il ribes nei biscotti (biscotti) per occhi e brufoli, se lo si desidera. Cuocere in forno preriscaldato a 180°C/termostato 4 per 15 minuti fino a doratura e consistenza al tatto.

Biscotti integrali allo zenzero

Dai 24

200 g/7 oz/1¾ tazze di farina integrale (integrale).

10 ml / 2 cucchiaini di lievito in polvere

10 ml/2 cucchiaini di zenzero macinato

100 g/4 once/½ tazza di burro o margarina

50 g/2 once/¼ di tazza di zucchero di canna dolce

60 ml/4 cucchiai di miele chiaro

Mescolare la farina, il lievito e lo zenzero. Sciogliere il burro o la margarina con lo zucchero e il miele, quindi incorporare gli ingredienti secchi e impastare fino a ottenere un impasto duro. Stendere su un piano infarinato e tagliare a rondelle con un coppapasta. Adagiate su una teglia unta e cuocete in forno preriscaldato a 190°C/termostato 5 per 12 minuti fino a quando saranno dorate e croccanti.

Biscotti allo zenzero e riso

Dai 12

225 g/8 once/2 tazze di farina semplice (per tutti gli usi)

2,5 ml/½ cucchiaino di macis macinato

10 ml/2 cucchiaini di zenzero macinato

75 g/3 once/1/3 di tazza di burro o margarina

175 g/6 oz/¾ tazza di zucchero a velo (superfino)

1 uovo sbattuto

5ml/1 cucchiaino di succo di limone

30 ml/2 cucchiai di riso macinato

Unire la farina e le spezie, aggiungere il burro o la margarina fino a quando il composto non assomiglia al pangrattato, quindi aggiungere lo zucchero. Mescolare l'uovo e il succo di limone per formare un impasto duro e impastare delicatamente fino a che liscio. Cospargete un piano di lavoro con il riso macinato e stendete la pasta ad uno spessore di 1 cm. Tagliare fette di 5 cm/2 con un tagliabiscotti. Adagiate su una teglia unta e cuocete in forno preriscaldato a 180°C/termostato 4 per 20 minuti fino a quando non saranno sode al tatto.

biscotti d'oro

Dà 36

75 g/3 once/1/3 tazza di burro o margarina, ammorbidito

200 g / 7 once / appena 1 tazza di zucchero a velo (superfino)

2 uova, leggermente sbattute

225 g/8 once/2 tazze di farina semplice (per tutti gli usi)

10 ml / 2 cucchiaini di lievito in polvere

5 ml/1 cucchiaino di noce moscata grattugiata

Un pizzico di sale

Uovo o latte per glassare

Zucchero semolato (surfin) per spolverare

Montare a crema il burro o la margarina e lo zucchero. Aggiungere gradualmente le uova, quindi aggiungere la farina, il lievito, la noce moscata e il sale e impastare fino a formare un impasto morbido. Coprire e lasciare riposare 30 minuti.

Stendere la pasta su una spianatoia leggermente infarinata a uno spessore di circa 5 mm e tagliare a rondelle con un tagliabiscotti. Mettere su una teglia unta, spennellare con uovo sbattuto o latte e cospargere di zucchero. Cuocere in forno preriscaldato a 200°C/400°F/termostato 6 per 8-10 minuti fino a doratura.

Biscotti alla nocciola

Dai 24

100 g/4 once/½ tazza di burro o margarina, ammorbidito

50 g/2 oz/¼ di tazza di zucchero semolato (superfino)

100 g/4 oz/1 tazza di farina semplice (per tutti gli usi)

25 g/1 oz/¼ di tazza di nocciole macinate

Sbattere insieme il burro o la margarina e lo zucchero fino a ottenere un composto leggero e spumoso. Aggiungere gradualmente la farina e le noci fino a formare un impasto sodo. Formate delle palline e disponetele, ben separate, su una teglia imburrata. Cuocere i biscotti in forno preriscaldato a 180°C/termostato 4 per 20 minuti.

Biscotti croccanti alla nocciola

Dai 40

100 g/4 once/½ tazza di burro o margarina, ammorbidito

100 g/4 oz/½ tazza di zucchero a velo (superfino)

1 uovo sbattuto

5 ml/1 cucchiaino di essenza di vaniglia (estratto)

175 g/6 once/1½ tazza di farina semplice (per tutti gli usi)

50 g/2 oz/½ tazza di nocciole macinate

50 g/2 once/½ tazza di nocciole, tritate

Sbattere insieme il burro o la margarina e lo zucchero fino a ottenere un composto leggero e spumoso. Incorporare gradualmente l'uovo e l'essenza di vaniglia, quindi incorporare la farina, le nocciole tritate e le nocciole e impastare fino ad ottenere un impasto. Arrotolare in una palla, avvolgere in Clingfim (pellicola) e conservare in frigorifero per 1 ora.

Stendere la pasta a uno spessore di 5 mm/¼ e ritagliare delle fette con un tagliabiscotti. Disporre su una teglia unta e cuocere in forno preriscaldato a 200°C/400°F/termostato 6 per 10 minuti fino a doratura.

Biscotti alle nocciole e mandorle

Dai 24

100 g/4 once/½ tazza di burro o margarina, ammorbidito

75 g/3 oz/½ tazza di zucchero a velo (dolciumi), setacciato

50 g/2 oz/1/3 di tazza di nocciole macinate

50 g/2 oz/1/3 di tazza di mandorle tritate

100 g/4 oz/1 tazza di farina semplice (per tutti gli usi)

5ml/1 cucchiaino di essenza di mandorla (estratto)

Un pizzico di sale

Crema di burro o margarina e zucchero fino a renderla leggera e spumosa. Mescolare il resto degli ingredienti per fare una pasta solida. Arrotolare in una palla, coprire con pellicola trasparente (pellicola) e conservare in frigorifero per 30 minuti.

Stendere l'impasto a uno spessore di circa 1 cm e tagliare a rondelle con un tagliabiscotti. Disporre su una teglia unta e cuocere in forno preriscaldato a 180°C/termostato 4 per 15 minuti fino a doratura.

Biscotti al miele

Dai 24

75 g/3 once/1/3 di tazza di burro o margarina

100 g/4 once/1/3 di tazza di miele

225 g/8 oz/2 tazze di farina integrale (integrale).

5 ml/1 cucchiaino di lievito in polvere

Un pizzico di sale

2 once/¼ di tazza/50 g di zucchero muscovado

5 ml/1 cucchiaino di cannella in polvere

1 uovo, leggermente sbattuto

Sciogli il burro o la margarina e il miele fino a quando non si saranno amalgamati. Mescolare gli ingredienti rimanenti. Adagiare cucchiaiate di composto ben distanziate su una teglia imburrata e cuocere in forno preriscaldato a 180°C/termostato 4 per 15 minuti fino a doratura. Lasciare raffreddare 5 minuti prima di trasferirlo su una gratella per completare il raffreddamento.

Ratafià al miele

Dai 24

2 albumi d'uovo

100 g/4 oz/1 tazza di mandorle tritate

Qualche goccia di essenza di mandorla (estratto)

100 g/4 oz/1/3 di tazza di miele trasparente

carta di riso

Montare gli albumi a neve. Mescolare delicatamente le mandorle, l'essenza di mandorle e il miele. Adagiare cucchiaiate di composto ben distanziate su teglie foderate di carta di riso e cuocere in forno preriscaldato 180°C/termostato 4 per 15 minuti fino a doratura. Lasciare raffreddare leggermente, quindi strappare la carta per rimuoverla.

Biscotti al burro al miele

Dai 12

2 oz/¼ di tazza/50 g di burro o margarina

225 g/8 oz/2 tazze di farina autolievitante (autolievitante)

6 fl oz/¾ tazza di latticello/175 ml

45 ml/3 cucchiai di miele chiaro

Strofina il burro o la margarina nella farina fino a quando il composto non assomiglia al pangrattato. Mescolare il latticello e il miele e mescolare in una pasta dura. Mettere su una superficie leggermente infarinata e impastare fino a che liscio, quindi stendere a uno spessore di 2 cm / ¾ di pollice e tagliare in 5 cm / 2 giri usando un tagliabiscotti. Adagiate su una teglia unta e cuocete in forno preriscaldato a 230°C/termostato 8 per 10 minuti fino a doratura.

Biscotti Al Burro Al Limone

Dai 20

100 g/4 once/1 tazza di riso macinato

100 g/4 oz/1 tazza di farina semplice (per tutti gli usi)

75 g/3 oz/1/3 di tazza di zucchero a velo (superfino)

Un pizzico di sale

2,5 ml/½ cucchiaino di lievito in polvere

100 g/4 once/½ tazza di burro o margarina

scorza grattugiata di 1 limone

1 uovo sbattuto

Mescolare il riso macinato, la farina, lo zucchero, il sale e il lievito. Strofinare il burro fino a quando il composto non assomiglia al pangrattato. Mescolare la scorza di limone e mescolare con abbastanza uovo per formare un impasto duro. Impastare delicatamente, quindi stendere su un piano infarinato e ritagliare delle sagome con un tagliabiscotti. Disporre su una teglia imburrata e cuocere in forno preriscaldato a 180°C/termostato 4 per 30 minuti. Raffreddare leggermente sulla teglia, quindi trasferire sulla gratella per raffreddare completamente.

Biscotti al limone

Dai 24

100 g/4 once/½ tazza di burro o margarina

100 g/4 oz/½ tazza di zucchero a velo (superfino)

1 uovo, leggermente sbattuto

225 g/8 once/2 tazze di farina semplice (per tutti gli usi)

5 ml/1 cucchiaino di lievito in polvere

Scorza grattugiata di ½ limone

5ml/1 cucchiaino di succo di limone

30 ml/2 cucchiai di zucchero demerara

Sciogliere il burro o la margarina e lo zucchero semolato a fuoco basso, mescolando continuamente fino a quando il composto inizia ad addensarsi. Togliere dal fuoco e incorporare l'uovo, la farina, il lievito, la scorza e il succo di limone e mescolare fino a formare una pasta. Coprire e conservare in frigorifero 30 minuti.

Formate delle palline con l'impasto e adagiatele su una teglia imburrata, schiacciandole con una forchetta. Cospargere con lo zucchero demerara. Cuocere in forno preriscaldato a 180°C/termostato 4 per 15 minuti.

Momenti di fusione

Dà 16

100 g/4 once/½ tazza di burro o margarina, ammorbidito

75 g/3 oz/1/3 di tazza di zucchero a velo (superfino)

1 uovo sbattuto

150 g/5 once/1¼ tazza di farina semplice (per tutti gli usi)

10 ml / 2 cucchiaini di lievito in polvere

Un pizzico di sale

8 ciliegie glassate (candite), tagliate a metà

Sbattere insieme il burro o la margarina e lo zucchero fino a ottenere un composto leggero e spumoso. Incorporare poco alla volta l'uovo, quindi incorporare la farina, il lievito e il sale. Impastate delicatamente fino ad ottenere un impasto liscio. Formate con l'impasto 16 palline di uguali dimensioni e disponetele, ben distanziate, su una teglia imburrata. Appiattire leggermente, quindi guarnire ciascuno con mezza ciliegia. Cuocere in forno preriscaldato a 180°C/termostato 4 per 15 minuti. Raffreddare sulla teglia per 5 minuti, quindi trasferire su una gratella per completare il raffreddamento.

Biscotti al muesli

Dai 24

100 g/4 once/½ tazza di burro o margarina

100 g/4 oz/1/3 di tazza di miele trasparente

75 g/3 once/1/3 di tazza di zucchero di canna dolce

100 g / 4 once / 1 tazza di farina integrale (integrale).

100 g/4 once/1 tazza di fiocchi d'avena

50 g/2 once/1/3 di tazza di uvetta

50 g/2 once/1/3 di tazza di uvetta (uvetta dorata)

2 oz / 1/3 di tazza di datteri snocciolati (snocciolati), tritati

2 once / 1/3 di tazza di albicocche secche pronte da mangiare, tritate

1 oz/¼ di tazza di noci, tritate

25 g/1 oz/¼ di tazza di nocciole, tritate

Sciogliere il burro o la margarina con il miele e lo zucchero. Aggiungere il resto degli ingredienti e impastare fino ad ottenere un impasto sodo. Mettere cucchiaini da tè su una teglia unta (biscotto) e premere in piano. Cuocere i biscotti in forno preriscaldato a 180°C/termostato 4 per 20 minuti fino a doratura.

Biscotti alle noci

Dai 24

350 g/12 oz/1½ tazza di burro o margarina, ammorbidito

350 g/12 oz/1½ tazza di zucchero a velo (superfino)

5 ml/1 cucchiaino di essenza di vaniglia (estratto)

350 g/12 oz/3 tazze di farina semplice (per tutti gli usi)

5 ml/1 cucchiaino di bicarbonato di sodio (bicarbonato di sodio)

100 g/4 once/1 tazza di noci miste tritate

Sbattere insieme il burro o la margarina e lo zucchero fino a ottenere un composto leggero e spumoso. Aggiungere gli altri ingredienti e mescolare fino a quando non saranno ben amalgamati. Formare due rotoli lunghi, coprire e conservare in frigorifero per 30 minuti fino a quando non si solidificano.

Tagliare i rotoli a fette di ¼"/5 mm e adagiarli su una teglia unta. Cuocere i biscotti in forno preriscaldato a 180°C/termostato 4 per 10 minuti fino a leggera doratura.

Biscotti croccanti alle noci

Dai 30

100 g/4 once/½ tazza di zucchero di canna dolce

1 uovo sbattuto

5 ml/1 cucchiaino di essenza di vaniglia (estratto)

45 ml/3 cucchiai di farina (per tutti gli usi)

100 g/4 once/1 tazza di noci miste tritate

Sbattere lo zucchero con l'uovo e l'essenza di vaniglia, quindi incorporare la farina e le noci. Mettere dei cucchiaini su una teglia imburrata e infarinata e appiattire leggermente con una forchetta. Cuocere i biscotti in forno preriscaldato a 190°C/termostato 5 per 10 minuti.

Biscotti croccanti alla cannella e noci

Dai 24

100 g/4 once/½ tazza di burro o margarina, ammorbidito

100 g/4 oz/½ tazza di zucchero a velo (superfino)

1 uovo, leggermente sbattuto

2,5 ml/½ cucchiaino di essenza di vaniglia (estratto)

175 g/6 once/1½ tazza di farina semplice (per tutti gli usi)

2,5 ml/½ cucchiaino di cannella in polvere

2,5 ml/½ cucchiaino di bicarbonato di sodio (bicarbonato di sodio)

100 g/4 once/1 tazza di noci miste tritate

Montare a crema il burro o la margarina e lo zucchero. Aggiungere gradualmente 60 ml/4 cucchiai di uovo e l'essenza di vaniglia. Mescolare la farina, la cannella, il bicarbonato di sodio e metà delle noci. Premere in una padella per rotoli svizzeri unta e foderata (padella per rotoli di gelatina). Spennellare con l'uovo rimasto e cospargere con le restanti noci e premere leggermente. Cuocere i biscotti (biscotti) in forno preriscaldato a 180°C/termostato 4 per 20 minuti fino a doratura. Lasciar raffreddare in padella prima di tagliare a barrette.

dita di avena

Dai 24

200 g/7 once/1¾ tazza di fiocchi d'avena

75 g/3 oz/¾ tazza di farina semplice (per tutti gli usi)

5 ml/1 cucchiaino di lievito in polvere

2 oz/¼ di tazza/50 g di burro o margarina, sciolti

Acqua bollente

Unire i fiocchi d'avena, la farina e il lievito, quindi aggiungere il burro fuso o la margarina e abbastanza acqua bollente per ottenere un impasto morbido. Impastare su una superficie leggermente infarinata fino a ottenere una consistenza soda, quindi stendere e tagliare a dita. Adagiare su una teglia unta e cuocere in forno preriscaldato a 190°C/termostato 5 per 10 minuti fino a doratura.

www.ingramcontent.com/pod-product-compliance
Lightning Source LLC
Chambersburg PA
CBHW070409120526
44590CB00014B/1325